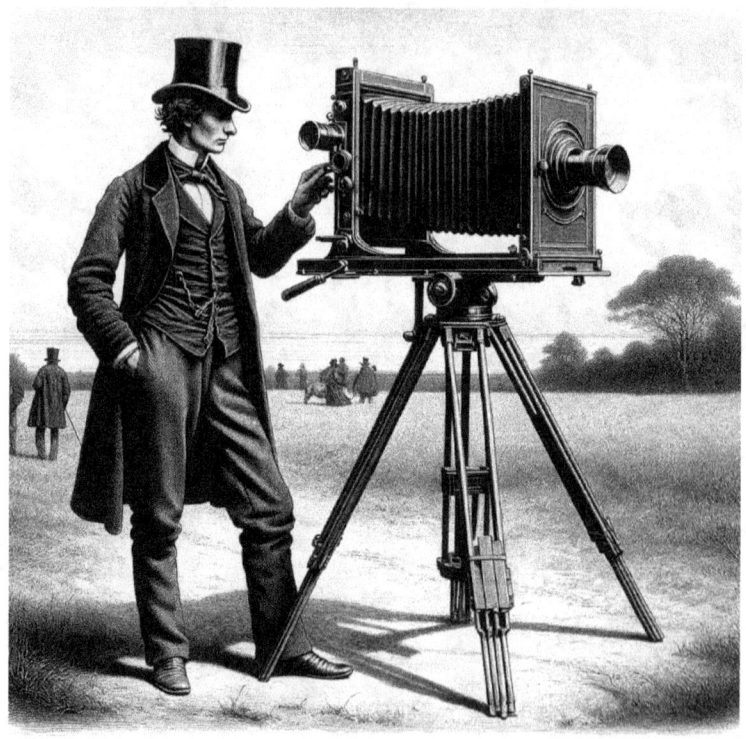

Primera edición, Miami, 2024

© De los textos: Eduardo Triana
© Del texto de contracubierta: Eduardo René Casanova Ealo
© De la presente edición: Editorial Primigenios
© Del diseño: Eduardo René Casanova Ealo
© De la ilustración y las fotos interiores: Eduardo Triana
ISBN: 9798322396635

Edita: Editorial Primigenios
Miami, Florida.
Correo electrónico: editorialprimigenios@yahoo.com
Sitio web: https://editorialprimigenios.org

Edición y maquetación: Eduardo René Casanova Ealo

Queda rigurosamente prohibida, sin autorización escrita de los titulares del *Copyright*, bajo sanciones establecidas por las leyes, la reproducción total o parcial de esta obra por cualquier medio o procedimiento, comprendidos, la reprografía y el tratamiento informático.

Yo también tuve ojos que querían ver allende al mar y no podían. Hoy los regreso junto a todos los que quieren ver y no pueden, para que vean como los míos.

A mi madre

Fotoparlancias, el visado a la risa

¿Puede ser lírica la ironía? Si me atengo al estilo de Triana en sus crónicas de *Fotoparlantes* parecería que sí a primera vista, aunque enseguida haya duda razonable y la sentencia, a la postre, nos aclare que no. La negativa final pudiera aderezarse con las estampas chistosas que dan vida al trasfondo de una frase hecha. El nacimiento de su nieto Prietín, o el mismo autor mostrándose como propietario de un banco, son ejemplos de esto último. Pero ese juego en que se induce una idea para revelar un equívoco, a la vista y oculto al mismo tiempo, es justo la base estructural de la más alta comedia, como la hicieran Molière o Thackreray. Las crónicas de *Fotoparlantes* consiguen la risa sin alarde, sin pretensión de trascendencia, y, lo más importante, dando fe de que se trata de ejercicios de vida, de descubrimientos al paso del viajero y no de invenciones arbitrarias de la imaginación. Como si nos entregara un visado hacia la risa.

Ironía socarrona (la ironía puede ser socarrona, que nadie lo discuta) que el cronista maneja con habilidad, con simpatía de humorista que se permite el lujo de entretenerse buscando una sonrisa mientras se gasta la plata del turista. Entre la pátina de sitios emblemáticos para la humanidad, Triana encuentra las claves del humor, como Mark Twain cuando dio testimonio de sus viajes. O en el contexto mediático de crónica social, sobre todo en aquel que se convierte en virus, en delirio (*tremendus*) o, para mejor definición, en alpiste en el centro de sálvese la parte.

Si seguimos su ruta de humorista, no habrá duda de que la ironía puede ser divertida (¡cuánta ironía de humor de perros nos amarga hoy la risa!) y que, trastocando el sentido de las frases, intercambiando significados al vocablo, logramos un precioso visado, un pasaporte expedito al genio humano. Como un malabarista, convierte en juego el idioma, desatornilla la rigidez de su semántica y entrega, con modestia, una visión más profunda de lo que puede parecer en superficie. ¿Diversión con sentido? ¡Que levante la mano el que la saque así, como quitando la piedra que ha ocultado al sapo!

Recuerdo a Triana cuando compartimos días, más bien noches, en La leña del Humor, en Santa Clara. Su humor sugerente y sabichoso que él dejó siempre inmune a las llamadas tentativas a la inmediatez, o a la vulgaridad, que llevarían supuestamente al éxito. Su sátira, que no lo parecía, pues la sabía inyectar como un calmante, o deslizarla como si fuesen hojas que descienden del árbol lentamente. Un humorista singular que desde entonces paga el precio de serlo, por suerte, y no por desgracia, para él. Sus chistes, que chistes son, no quedaban como frases de repetición, en la reproducción mecánica del bastonazo, sino como un reflejo de sentido profundo, del mismo modo en que lo haría un poema. ¡Qué problema de pronto: resulta que la ironía sí puede presentarse lírica! Seriedad se merece, por más que el tema sea de Risa.

Recuerdo a Triana delante de un teatro lleno, demostrando que hacía reír al «individuo de masas»; también en las sesiones de trabajo de La Leña, como pidiendo perdón por proponernos ese humor. Hoy, cuando en mi muro de Facebook me saludan sus textos, o sus chistes de ocasión, con los que a veces sazona sus entradas, me detengo a reír, a disfrutar su perspectiva, aunque me urjan cuestiones que den rabia. Tela para cortar da su escritura, salpicada de alusiones pícaras, sátiras nostálgicas y juegos ingeniosos de la imaginación. Eso después de que leamos, en cualquier orden, estas estampas de viajero sagaz que, al estamparse en libro, combaten nuestro sedentarismo trascendente con lecciones de ingenio. Fotoparlancias que nos llevan de viaje y nos conceden la visa más difícil: hacer reír. Maliciosa o lírica, su ironía nos divierte, que no es poco, y nos deja pensando, lo que va más allá, y se agradece.

JORGE ÁNGEL HERNÁNDEZ

Una historia ayumbe

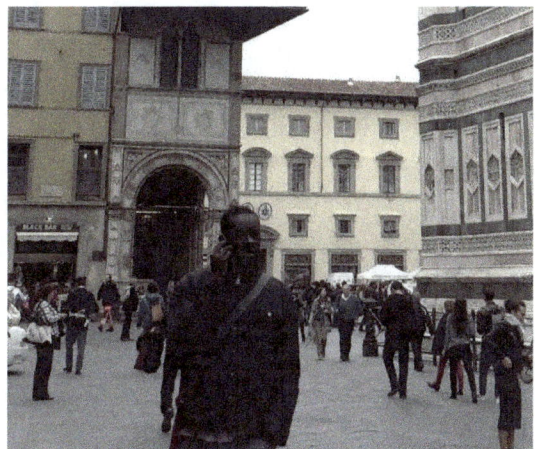

Cada vez que pasaba por la plaza a la misma hora todos los días, me tropezaba con el joven centro africano, siempre ocupado al teléfono con alguien. Me saludaba sonriendo como si me conociera. Yo le devolvía el saludo gritándole "ayumbe," buscando una forma de congraciarme fonéticamente aunque no sabía lo que le estaba diciendo. Creo que él tampoco. Que importaba, sonaba africano y con eso bastaba. Quizás fue una coincidencia, pero al pasar le oía decir a menudo "Escala de Milán" a la persona con que hablaba vía celular. Por semanas pensé que se trataba de una promesa del arte escénico del sufrido continente. Me alegró mucho pensar que estaba en presencia de un futuro barítono o de un tenor de la Escala que luchaba por lograr un contrato en la afamada institución del canto lírico. Alrededor de un mes más tarde, mientras me tomaba un café en una esquina, llegó para despedirse de mí. Me miró y solo me dijo: "Milán, Milán" señalando con su mano hacia el norte. Lo abracé y le deseé suerte, diciéndole nuevamente: "Ayumbe", la misma palabra que ninguno de los dos conocía pero que esta vez por la entonación, me pareció que sabía lo que le estaba diciendo. Me mantuve pendiente de las noticias culturales, esperando poder leer algo acerca del muchacho, pero al parecer las cosas no eran como me las imaginaba. Alguien me aclaró un tiempo después que en efecto mi amigo era muy conocido. No era un artista, sino un coyote de ilegales africanos que se reunen muy cerca de la Escala de Milán para transportarse a otros lugares de Europa... "Que Dios los ayumbe", fue entonces lo único que se me ocurrió decir, mientras me fui tarareando "Ayumbeyeyeye, ayumbeyeye" sin saber por qué, solo porque sonaba exótico en la capital del renacimiento.

Plaza de la Catedral. Florencia, Italia.

Una ragazza diferente

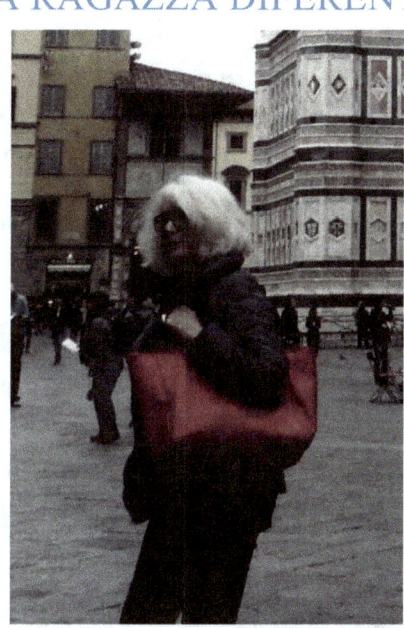

Todos volteaban la cabeza cuando pasaba. Hombres, mujeres, jóvenes, ancianos. Parecían hipnotizados. La seguían con la vista hasta que se perdía por las callejuelas que rodean la plaza. Indiscutiblemente, era una bella mujer; distinguida, elegante y con aire misterioso capaz de embriagar a muchos. Nunca pasaba a la misma hora por las inmediaciones del Duomo, aunque lo hacía en repetidas ocasiones durante el día y a veces de noche también. Al principio creí que se trataba de una modista famosa, de una gran actriz a la que todos querían ver de cerca para un autógrafo o una foto. "Puedo tener los dos ojos tapados y siento cuando que está pasando por al lado porque su olor es inconfundible" decían muchos. No exageraban. En la voluminosa cartera roja que siempre llevaba colgada del hombro, Vincenza guardaba decenas de tamales en hoja que vendía por la zona. Desafortunadamente una delación hizo que las autoridades la detuvieran un día en plena calle y le revisaran la cartera. Fue fácil entonces decomisarle toda la mercancía al comprobarse que el maíz no lo había sembrado ella. Por consiguiente, no tenía derecho a recoger su pilón. Ese fue el final de Vincenza, la tamalera "de la Piazza", quien a pesar de la vergüenza, sigue transitando por el mismo lugar, sin su cartera roja pero con cara de tusa, para demostrarle al mundo que es maizista tamalista hasta las últimas consecuencias.

Plaza de la Catedral. Florencia. Italia

CON BOLAS

Le dijeron que no tenía bolas para hacerlo y trajo tres bolas azules que colocó detrás de donde se iba a situar. No eran precisamente sus bolas; pero al menos con eso le callaba la boca a los que lo criticaban. Estuvo en esa esquina por semanas. Siempre de brazos cruzados y sin perderse un detalle del tránsito en las horas pico. Hubo un par de autos que se subieron a la acera dos avenidas más abajo. "Que mala suerte tengo" dijo lamentándose. Quería suicidarse involuntariamente. Le habían advertido que mejor se tirara delante de un carro voluntariamente porque esperar a que uno viniera a donde él estaba parado iba a ser demasiada casualidad. Él insistía en que solo quería suicidarse de casualidad. Una tarde se cansó de no poder satisfacer su anhelo. Recogió sus tres bolas y se marchó. Por el camino se resbaló en el pavimento mojado. Por culpa de las bolas que llevaba en la mochila que cargaba en su espalda, no se fracturó la columna vertebral. "Que casualidad" dijo la exesposa mientras guardaba el recipiente de vaselina con que había humedecido la acera minutos antes.

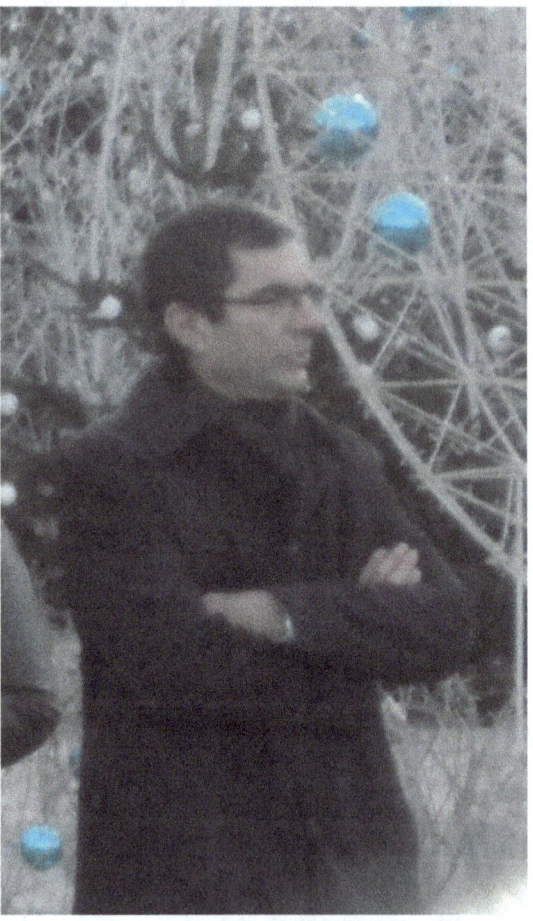

Champs Elysees. Paris

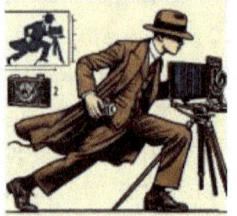

ESTO CONTINUA

Un dormido que espera

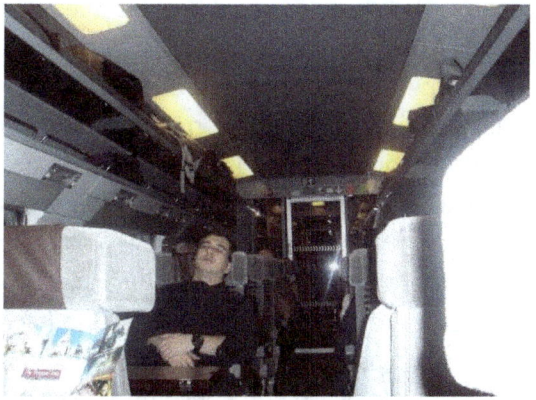

Subí al coche 6 y ocupé el asiento 12 tal y como indicaba el boleto del tren. Viajaban pocos pasajeros, quizás por el precio, por ser un día entre semana o porque un gracioso había gritado que se le había ponchado una goma a la locomotora. Frente a mi puesto, dos filas más atrás, un hombre que dormía y que se mantuvo durmiendo hasta el destino final con una asombrosa y absoluta concentración en su sueño. Tal parecía un muerto soñando. Nadie quita que pudiera haberlo sido, razón suficiente para no molestarlo. Antes de bajarme quise, no obstante, acercarme para despertarlo, para que siguiera durmiendo si quería mientras caminaba vivo o muerto. Luego me acordé de que yo no era conductor ni tampoco despertador. Tampoco espiritista. Además, que sabía yo si el boleto que había comprado el señor decía que tenía que ir dormido todo el tiempo o si había hecho una promesa de no abrir los ojos mientras viajara en tren o si el pobre hombre padecía de alguna enfermedad ferroviaria, una especie de trenopatía óptica o algo así. Nada, quien sabe si su nombre era Blanco Nieves y estaba esperando que dos o tres enanos (porque siete habría sido pedir mucho) vinieran a despertarlo.

Atravesando el canal de la Mancha

Un mal souvenir

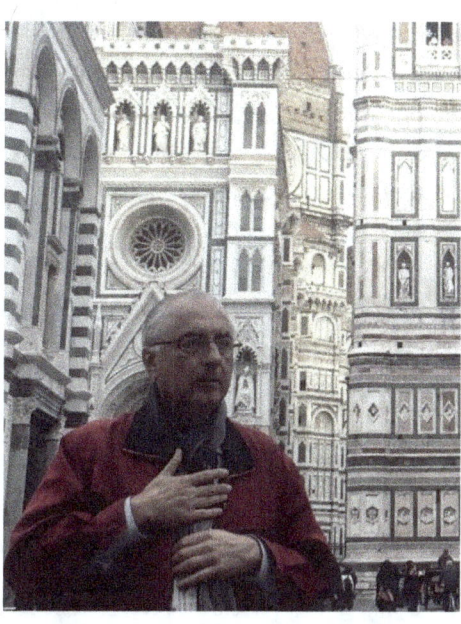

Se me aparecía por todas las calles de Florencia. Siempre vestido de la misma forma y siempre con la mano en el pecho. Se me acercaba con cuidado, guardando la distancia como para que yo no sintiera peligro. En cada ocasión trataba de decirme algo pero no lo decía y yo tampoco le decía nada para que después no me dijera que lo había dicho yo. Así transcurrieron varios días sin que nada cambiara. No era capaz de descifrar aquel misterio. Me hacía mil preguntas que no sé por qué me las hacía porque si algo sabía era que no tenían respuesta... ¿Sería entonces que deseaba que yo también me pusiera la mano en el pecho para cantar juntos algún himno?... ¿Sería que tenía un hueco en la bufanda y alguien le había dicho que yo era costurero?... ¿Sería miembro de la orden de los caballeros con la mano en el pecho? Fueron muchas mis conjeturas y en ninguna logré acertar. Una semana después y ya cansado de tanto misterio decidí sacarle del pecho lo que aquel señor quería decirme. Lo divisé en una de las esquinas donde solía encontrármelo, me le acerqué un poco más de lo que el acostumbraba y esperé a que me dijera lo que estaba por decirme. Me miró por unos segundos y poniéndose la mano en el pecho otra vez me entregó un papel que decía: "Ud. no se acuerda de mí pero yo sí. Ud. fue el que me vendió una raspadura en mal estado hace unos años en Varadero para ganarse unos dolares. Lamentablemente, la raspadura se me fue por el camino viejo y todavía hoy tengo la maldita barra incrustada en el pecho". Di dos pasos atrás y salí a toda velocidad. En la retirada, encontré un latón de basura. Ahí arrojé, a duras penas, las raspaduras que me quedaban, las que siempre llevo en los viajes para vendérselas a los mismos turistas, ahora ya de vuelta en su país.

Torre de Giotto. Florencia. Italia

Arnaqueur

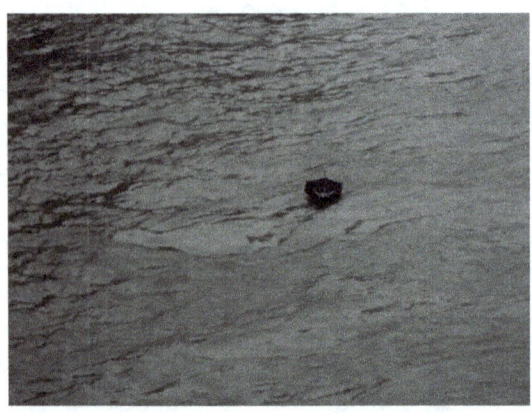

De la única persona que se cuidaban los paraguas jíbaros del Sena era de mí. Nadie más se habría lanzado al río para atraparlos y llevarlos de vuelta a sus dueños. Ante la necesidad imperiosa de encontrar trabajo tuve que idear uno. Así me convertí en rancheador de paraguas jíbaros. Los artefactos se habían soltado de las manos de sus amos para tirarse a las aguas y así acabar con el trato abusivo de años. Nunca me fue fácil convencerlos del arrepentimiento de sus portadores. Más difícil aún perseguirlos nadando. Me llovían los pedidos de búsquedas en los días nublados. No siempre me alcanzaba el dinero, pero siempre me sobraba el catarro. Al final, me vi obligado a retirarme por cuenta de los estornudos. El ruido los ponía en aviso. Ya no lograba capturar a ninguno. Parecía que el destino me cerraba todos los paraguas, hasta que una tarde, sentado en la ribera, una sombrilla vieja se me acercó para ver que podría hacer por sus rayos dañados. En ese preciso momento se me ocurría un nuevo oficio. En todo Paris, nadie se ganaba la vida como peluquero de "parapluie". Tomé la sombrilla con cuidado. Le dije que no se preocupara. Yo iba a hacerle los rayitos otra vez.

Sena. Paris.

La tragedia de la familia Kamiosinski

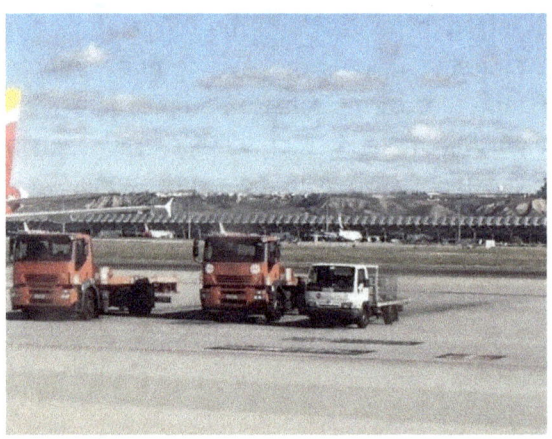

Esta es la última foto que se conserva de la familia Kamiosinski. Habían llegado de las estepas, huyendo del frío y del sistema camionista. Se adaptaron bien a su nuevo hábitat. La vida parecía irle sobre ruedas. Lamentablemente, un imprevisto se les atravesó en la ruta. El color rojo de sus carrocerías, adquirido en las largas horas de trabajo al sol, provocaba la burla constante de las rastras blancas de dieciocho ruedas. El rumor de que Camiona kamiosinsnki hubiera tenido un romance con un SUV albino, del cual, según las malas llantas, habría nacido un Camionsín blanco y pequeño, fue demasiado para el motor de arranque de Camión Kamiosinski, a tal punto que casi se funde. A pesar de todo, Camión Kamiosinski siguió andando, con un poco de ruido, aunque con la misma potencia. Los que lo vieron por última vez dicen que aún con el radiador echando humo, logró voltear al SUV albino en la carretera, tras una larga persecución. Producto del impacto ambos vehículos resultaron pérdidas totales. Después del triste suceso, camiona Kamiosinski nunca más se casó. Luego de criar a Camionsín, ingresó en un convento de camionetas descalzas. Camionsín por su parte, se dedicó a predicar la palabra del camión. Luego se casó con una camioneta religiosa. Hoy vive tranquilo, como todo un van de familia, en el garaje de una casa en Wisconsin, Estados Unidos.

Aeropuerto Adolfo Suarez. Madrid.

NINGÚSTERO, EL ESTATUÓLOGO

Ningústero disfrutaba mucho visitar los museos. Resultó un golpe muy duro para él, ver como uno tras otro iban prohibiéndole la entrada. La prensa se hizo eco de la situación. En un extenso artículo explicó que las instituciones se habían visto obligadas a mantenerlo alejado de las exposiciones, con el objetivo de proteger el patrimonio, específicamente las estatuas, las cuales parecían adquirir energía y movimiento después de las visitas de Ningústero. Bastaba que lo vieran entrar para que todas abandonaran sus pedestales y lo siguieran por las

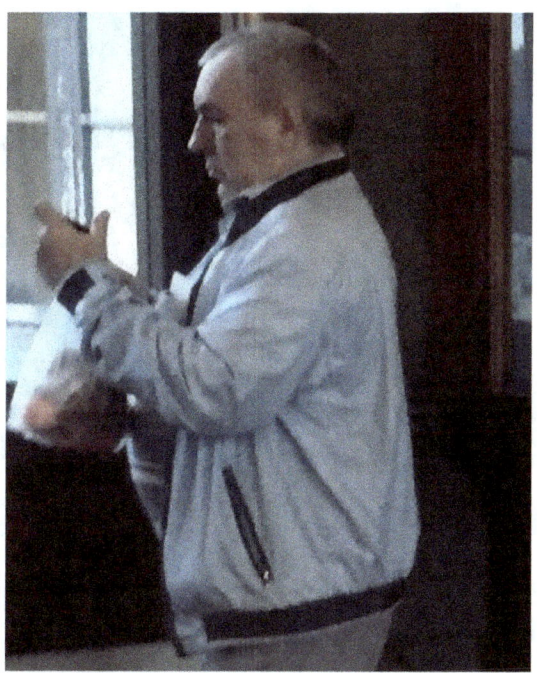

diferentes salas. Ya se le había advertido en varias ocasiones que no le diera más de comer a las estatuas. Les crearía un mal hábito de vitalidad que con el tiempo, les haría perder su status estatual. Además de ganar en peso corporal, terminarían irreconocibles e inmuseables. Al enterarse de la noticia, varias obras escultóricas encabezadas por Venus, aprovecharon la coyuntura organizando una huelga de brazos caídos. Las autoridades finalmente accedieron a las demandas de las figuras esculpidas, quienes, lograron no ser vistas siempre como objetos de placer visual y estético sino también como objetos fetiches con derecho a vender sus cuerpos. Gracias a la campaña, a Ningústero se le permitió de nuevo andar por los centros del arte y la cultura, programándole un horario fijo para la entrega de merienda antigua a las tallas de piedra y yeso. Para estimular su don único, se le nombró administrador de un criadero de estatuillas a las que hoy alimenta con sus bolsas de naranjas, con miras a convertirlas un día en estatuas adultas.

Galleria degli Uffizi. Firenze.

Pierre el limpiador

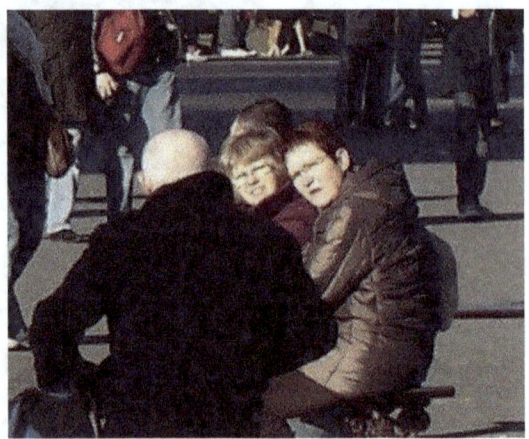

Los parisinos ya pueden sentirse tranquilos sin la preocupación de encontrarse con "Pierre le Nettoyeur" (Pierre el limpiador) como se le conoce en el ámbito policial. Fue detenido en la mañana de hoy cuando acosaba a dos nuevas víctimas en pleno centro de Paris. Llevaba meses molestando a pacíficos transeúntes. Su modus operandi era simple. Se acercaba a personas desconocidas en parques y boulevards para ofrecerles una limpieza de orejas gratis. La mayoría de la gente aceptaba sus servicios bajo amenaza. Les chiflaría en los oídos hasta dañarles el tímpano si se negaban. La ciudad conocía de la desdicha de Pierre, pero ya era el momento de decirle basta, antes que siguiera atacando trompas de Eustaquio inocentes. "Le nettoyeur" había sido por muchos años, el propietario de una gran fábrica de fósforos destruida completamente en un incendio y su obsesión por las cerillas lo habían convertido en un maniático, en una adicto a la limpieza de los oídos de los demás, donde al menos encontraba un poco de lo que en un tiempo le produjera una gran fortuna.

Champs de Mars. Paris.

Un chino del tipo Ko

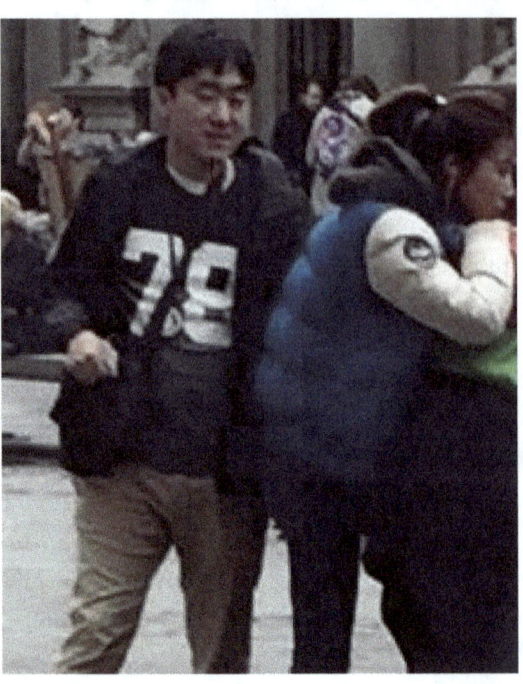

Pudo haber llegado a la gloria y ser eternamente recordado por siempre, pero las cosas no salieron como el esperaba. Intentar hacer modificaciones a posiciones del Kamasutra no resultaba una tarea fácil. Chin Chó So lo sabía pero aceptó el reto y le hizo creer a su pueblo que el 78 era mejor que el 69 como posición sexual porque lo había creado él mismo en versión china del famoso libro erótico. De las quinientas parejas voluntarias que practicaron la nueva posición, quinientas salieron lesionadas con fracturas en caderas, piernas, costillas y cervical; algunas tan severas, que ni el médico chino pudo salvarlos. A raíz de este suceso el 78 fue declarado posición sexual de destrucción masiva. Como consecuencia se le expulsó del mundo erótico de la República Popular China. De más estar decir que el hecho afectó mucho la psiquis de Chin Chó Só, quien desesperado en no perder su creatividad morbosa, se dedicó entonces a toquetear mujeres donde quiera que encontraba una oportunidad aplicando pomada china con su mano izquierda (slang cantonés vulgar que él utiliza como eufemismo de manosear). La carrera de Chin Chó Só tocó fondo. Ninguna mujer lo mira hoy en toda China, con la excepción de las que disfrutan y practican sexo sacro lumbar. El gobierno de Pekín lo tiene en la lista de los nacionales de menor categoría: Los chinos del tipo Ko, popularmente conocidos como Ko chinos.

Piazza Della Repubblica, Firenze.

Paris bien vale una oreja

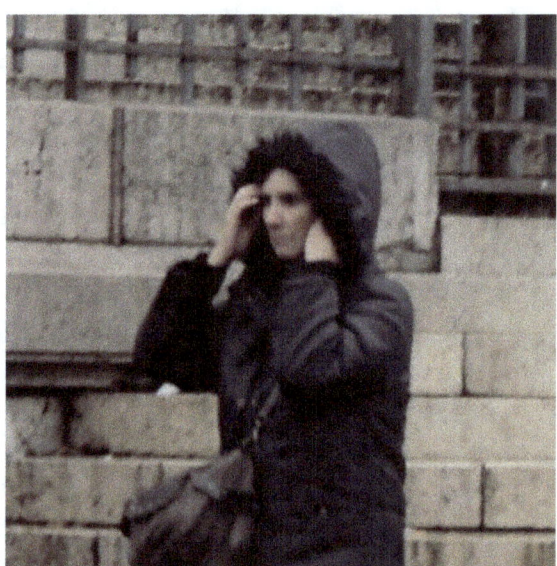

Le tomó un par de años ahorrar lo suficiente para irse a Paris, la ciudad con la que había soñado despierta porque dormida, según ella misma, nunca soñaba. Así, un día, despertó en la ciudad de las luces. Emociones de todo tipo colmaron su espíritu y su alma voló por todos los rincones de la increíble ciudad. Solo el peligro de tropezarse con carteristas le hacía poner los pies en la tierra. Se lo habían advertido. Estaba consciente que cualquier descuido podía costarle muy caro. En realidad no tanto. Lo que le habían dicho le entraba por una oreja y le salía por la otra. Una mañana, mientras caminaba por el barrio de Montmartre sintió de pronto que algo extraño le había pasado. Al principio no supo que era, hasta que se dio cuenta de que le faltaba una oreja. Las autoridades le mostraron la foto de Oreille, un famoso carterista de la zona fascinado con la otorrinolaringología. Recordó haber tropezado con un sujeto que se iba rascando el lóbulo izquierdo. No pudo verle bien el rostro. Por no prestar oídos le sucedía. Al escuchar la noticia, inmediatamente el Museo de Orsay le ofreció entrada gratis de por vida en honor a la memoria de Van Gogh. Metropolitanúspula, se sintió un tanto compensada, después de todo. Paris bien valía una oreja. Su única preocupación era como la iba a recibir su abuela en la pequeña aldea al sur de Grecia, cuando llegara sin uno de los aretes que esta le había prestado para el viaje. Alarle las orejas sería entonces un acto en vano. Sentir el pellizco en una, quizás, pero al menos no iba a ser en las dos y eso la calmaba.

Montmartre, Paris

Vendetta

Chupongo prometió ser más real que en tiempos pasados, cuando solo se dejaba ver por dos o tres días, falto de simetría y despreciado por la sociedad. " Ahora soy arte" repetía con movimiento de labios al pasar cerca de sus antiguos colegas. Tan contento estaba que cambiaba su textura según el momento y la época. En invierno, lucía seco y pelado por el frío; húmedo en instantes de pasión y mordido en arranques de ira. Su portadora, una joven hastiada de tantos fracasos en sus relaciones, decidió un día, hacer un concurso que llamó "El ceniciento". Cualquier hombre de la comunidad, tendría la oportunidad de pegar sus labios encima de los

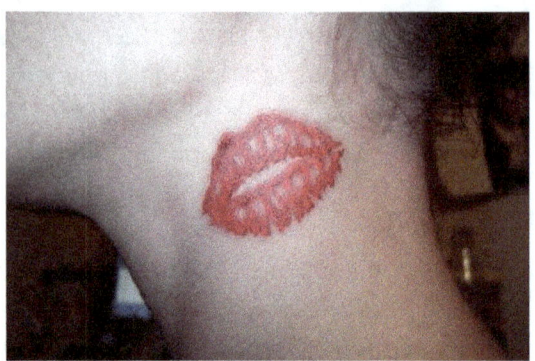

de Chupongo. El que lograra la mejor combinación en forma y tamaño, se ganaría el amor de la señorita, fuera quien fuera. Chupongo se negó. Lo consideró un acto vulgar para el nivel y la posición social que ya había alcanzado. La muchacha lo amenazó entonces con degradarlo a un simple chupón y desaparecerlo de su cuello. para siempre. Chupongo se vio obligado a hacer lo que le decían. No quería volver a su vida de mamón. Pasó semanas enteras soportando el aliento de decenas de concursantes. Se despertaba a menudo en las noches haciendo arqueadas. Su paciencia, no obstante, recogía sus frutos. Un mañana, llegó el hombre que finalmente Chupongo sugeriría como el idóneo. La optimista novia, quien para ser imparcial, se cubriría los ojos con una venda durante el certamen, saltó de la alegría al escuchar de los propios labios de Chupongo que el verdadero amor acababa de besarle el cuello. Al voltearse para mirar a su amado, el rostro de la madmoiselle se transformó en fracciones de segundo. En los labios de su futuro esposo, se leía un letrero en tinta negra que decía: "Quiero chuparte hasta dejarte marcada".

Gollejo

Salim no era el típico emigrante que normalmente deambula por las calles de Bruselas. De hecho, nunca quiso emigrar del caserío donde había nacido y crecido en las afueras de Rabat.

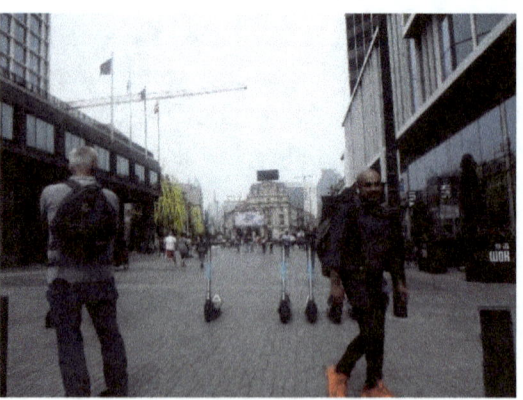

Fue una petición del propio gobierno para que se le autorizara a vivir en la capital de la pequeña nación del norte de Europa. La afición por usar calzado de color naranja habría sido su obsesión desde pequeño. Su aprensión iría aumentando con los años. Su ídolo libertario se convertiría en William of Orange. Su banda favorita Tangerine Dream y sus equipos deportivos predilectos los compartiría entre la selección de Fútbol de Países Bajos y un equipo de Baseball del centro de Cuba. Todos de color naranja. Todos, gustos demasiado occidentalizados para su natal Marruecos. El día que las autoridades belgas debieran pedir oficialmente el traslado de Salim a la nación europea, ya los oficiales marroquíes de inmigración lo tenían montado en un avión. En unas tres horas estaría comenzando una vida nueva en su destierro arreglado. Fueron duros los primeros tiempos. El neerlandés no es un idioma fácil de aprender y las costumbres de la nueva cultura lo abrumarían por largos meses. La calma le vendría el día que le garantizaran zapatos anaranjados para toda la vida. Esa noche todos sus sueños fueron en esa tonalidad. Desde ese momento, comenzó a andar por toda la gran urbe con una alegría desbordante. Estaba realizado. De hecho, todos estaban realizados. Por una parte, el país norafricano, habría salido de un ciudadano atípico e ideológicamente desviado y Bélgica porque al fin contaría con la persona ideal para la siembra de naranjales en sus frías tierras. La noche que lo presentaron en la televisión, se quitaba las medias para mostrar como sus dedos habían crecido adoptando forma y textura de gollejos de naranja. Se los extirparían uno por uno para usarlos como semillas de diez árboles del preciado cítrico. Luego se le injertarían otros, salidos de los mismos primeros frutos. Fue lo que le prometieron desde el comienzo. Era el secreto mejor guardado de los científicos belgas, célebres ahora por descubrir el Síndrome Auriantiaco y por soñar con consumir naranjas de producción nacional.

Bruselas, Bélgica.

JAMÓN

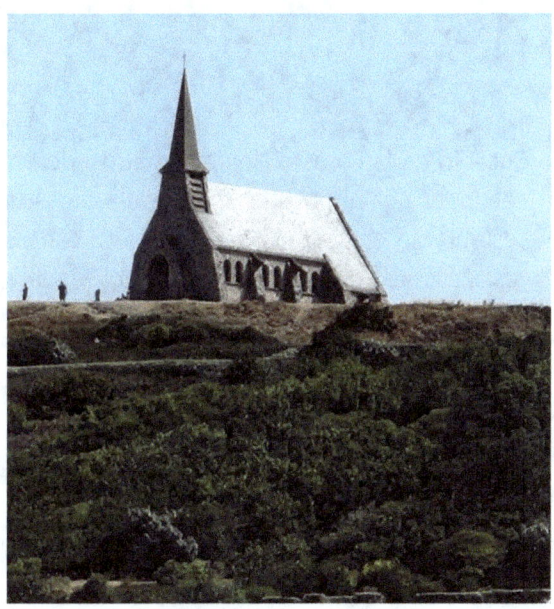

Algo extraño estaba sucediendo en el templo desde hacía un tiempo. Una gran parte de los asistentes se comportaban contrariamente a lo que todos y ellos mismos esperaban Lo peor es que no se ocultaban. Los hombres cada vez más mezquinos y borrachos, las mujeres practicando un libertinaje sin precedentes en la zona. El hecho se habría obviado, a no ser por el par de suicidios ocurridos en el último mes. Una pareja y un joven se lanzaban por el peñasco a solo unos metros del santuario. Con el máximo secreto y la mayor sutileza posible, varios agentes se infiltraron en la congregación. No dejaron un acto, movimiento interno o celebración por observar y luego analizar con sus superiores. El comportamiento de los peritos dejaba también de ser el mismo en un momento. Sin mucho más que hacer alguien propuso exorcizar el inmueble en varias sesiones. La acción fue aprobada por mayoría. Se cerraría el edificio por una semana completa. Las cuatro primeras transcurrieron sin alteración alguna. Fue en el quinto intento, en la despensa, donde el enigma quedaba al descubierto. Al abrir las gavetas de los gabinetes, una fuerte ráfaga de viento acompañada de voces demoníacas derribaban al suelo a los dos prelados con sendos crucifijos. Las decenas y decenas de latas de jamón salían disparadas por el aire como misiles. Afortunadamente ninguna hizo impacto en los cuerpos de los párrocos. Eran las conservas que se utilizaban los fines de semana en las llamadas Meriendas de Fe. Exquisito sabor e inmejorable calidad. Jamón de primera, pero jamón del diablo al fin.

Etretat, Departamento de Seine Martime, Región de Normandia, Francia.

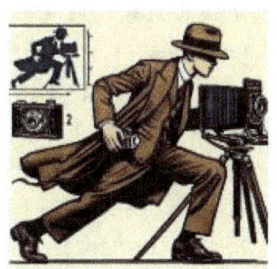

ESTO CONTINUA

A LA HORA DEL DESAYUNO

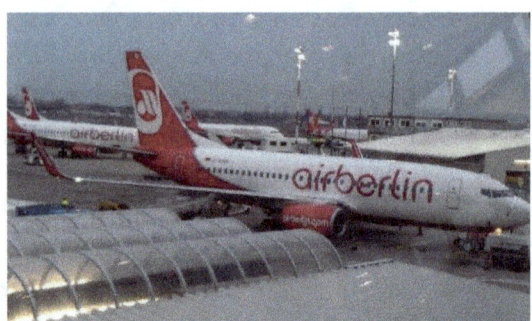

"Frühstück, Frühstück" grita un empleado del aeropuerto de Berlin usando un megáfono y los aviones alemanes se acercan lentamente desde todos los puntos de la pista. Son las 7 de la mañana, hora del desayuno de las naves germanas. Los pasajeros se amontonan tras los cristales de la terminal aérea para disfrutar de un espectáculo único en el mundo, del cual ellos son partícipes. A todos se les entregan los alimentos que extienden a los aviones que abordarán minutos después. Col, salchichas, pretzels gigantes y una jarra de café. Se abren las ventanas y las narices de metal comienzan a asomarse. Los niños cargados en los brazos de sus padres alcanzan los alimentos que los reactores engullen mientras calientan los motores. Naves de otras aerolineas tratan de acercarse, pero los aviones alemanes los alejan con un par de aletazos. Se les ha advertido que primero desayunan los nacionales. Algunos temen que se van a agotar las salchichas de Berlin y se ponen impacientes. Un rato después, un grupo de empleados limpian las narices y los cristales de las cabinas de los pilotos, Volar con desperdicios de alimentos en el fuselaje, es considerado un acto de mala educación aeronáutica. Es una falta grave severamente sancionada por la que hasta podrían perder el derecho a desayunar. Media hora más tarde, los viajeros comienzan a abordar los aviones que ellos mismos han alimentado. En instantes despegan uno tras otro. Sobre la pista quedan solo tres o cuatro aeronaves que nunca vuelan porque son de adorno. El mío no puede salir. Está alicaído y no deja que lo aborde. Insiste en que fui yo quien se comió su desayuno, en vez de preguntarle al ruso que acaba de despegar con toda la nariz embarrada de col.

Aeropuerto Tegel, Berlin, Alemania.

SEIFE

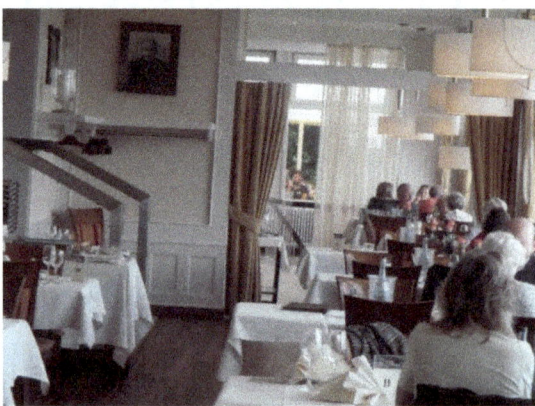

Sucedió en la Foresta Negra. Exhausto de una caminata por el bosque, me llegaba hasta un restaurante cercano. Escogí una mesa con vistas a la ciudad y ordené mi almuerzo. Me dirigí todo el tiempo al dependiente en idioma alemán. Eso hizo cambiar la dinámica de lo que sucedería esa tarde. El claro acento me delataba. Fue el preciso instante que llamaba la atención a una bella mujer que bebía una taza de café a pocos metros de mí. "Ud. es cubano", me dijo. Yo solo la miré, sorprendido de su acierto. " He conocido a muchos cubanos. Ud. suena a cubano. No me lo tome a mal, Ud. habla alemán bastante bien, pero hay palabras en nuestro idioma que solo nosotros podemos pronunciar con entera precisión", " Entiendo", le contesté. Terminando su café, me dijo se iba a fumar un cigarrillo fuera, pero que me esperaría para conversar. Mentiría si dijera que no me entusiasmó la idea. Aquella hermosa hembra germana se interesaba en mí. Razón suficiente para exaltarse e imaginarse (cosas). Apresuré mi masticación y dejé el postre para otra ocasión. Luego de pagar, me dirigí hacia la puerta de entrada. Allí estaba Helga, mirando hacia las colinas de la foresta, adonde me invitaba a dar un paseo corto. El trillar de los pájaros, el intenso verdor de las ramas, los oscuros troncos de los árboles, todo se confabulaba para crear un éxtasis rebosante de paroxismo, que se incrementaba cada vez que contemplaba sus hipnotizantes ojos azules. Quince minutos más tarde se dejaba tomar una mano. Me rozaba el brazo con sus dedos y repetía intermitentemente la palabra "seife" (jabón). De más estar decir que mi entusiasmo llegaba al tope. Mi piel, mi olor o no sé que eran como un jabón para ella. En el camino de regreso, intenté en vano besarla. Me irritó su negativa. ¿Por qué no besar a un hombre que le olía, parecía o sentía como un jabón? La respuesta la recibía una hora después que se había marchado sin despedirse, en un mensaje de texto a mi celular. Lo de Helga venía por su abuelo, un Untersturmführer de la Schutzstaffel, quien se encargaría de confeccionar jabones hechos con cubanos, luego de haber ganado la guerra. Para la hermosa dama teutona de mi historia, estos artículos de aseo eran su debilidad, más aún si eran exóticos, como del caribe. Al final de la nota que destruía mi ilusión de romance ario, las siguientes palabras: "A la tercera va la vencida, prepárate, cubano."

*Schwarz Wald, Freiburg,
Baden-Württemberg, Alemania.*

Caído

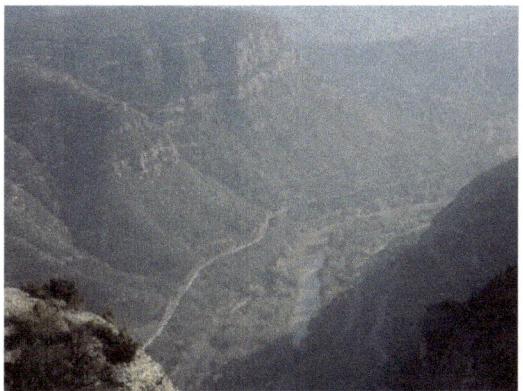

Cayó por un barranco el pobre senderista. Lo encontraron un día después dos campesinos de la zona. Lo socorrieron hasta que supieron por él mismo, que su nombre era Ángel. Le cosieron las alas de un cóndor en la espalda y lo obligaron a regresar al cielo. Allá nadie lo reconoció. No estaba en la lista de ángeles caídos. Insistió en que era Ángel, que se había caído y que se quería caer otra vez para regresar a la tierra. Le dijeron que no era necesario que estaba perdonado. Le pidieron que se presentara ante su arcángel para reiniciar sus labores angelicales. Desobedeció las órdenes, le cortaron las alas y lo expulsaron. Mientras descendía, se fue sintiendo más seguro, decidido ahora a revelar su nombre completo, Angel Menendez Gomez, el hijo de Serafin. Nadie creyó que caía del cielo. Los ángeles no tienen apellidos y mucho menos son hijos de un Serafin.

Monserrat, Cataluña, España.

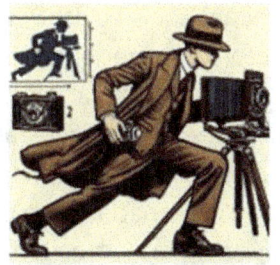

ESTO CONTINUA

El dolor de Chu chuá

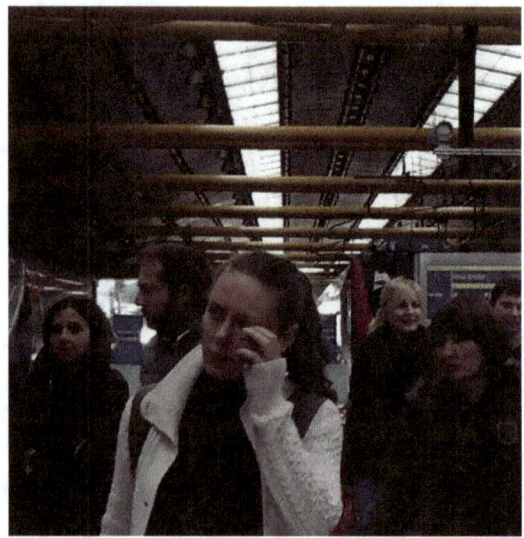

Esperó con paciencia el anuncio de la partida de su tren. Ya había comprado su boleto, el cual miraba de vez en cuando como para cerciorarse que era para un tren. Le preguntaba a los empleados de la estación de Fiumicino si todos los trenes eran de pasajeros. Su mirada indicaba claramente que llevaba un tren de vida bastante agitado; sin embargo, no estaba entrenada para viajar en uno a alta velocidad. Ahora no le quedaba más remedio que hacerlo si es que finalmente desistía de la idea de irse a pie por la linea. Al cabo de unos minutos los altoparlantes alertaron a todos que ya era hora de abordar el tren. Los pasajeros tomaron sus equipajes y se dirigieron hacia sus respectivos coches. La joven se adelantó entre la multitud para ser la primera. Se iba secando las lágrimas mientras imitaba con su dulce voz el sonido de una locomotora. Su emoción era incontenible y no era para menos. Regresaba a su lugar de nacimiento después de largos años, al lugar donde había pasado toda su niñez: a un tren. No era el mismo donde había nacido pero como diría un buen ferroviario, era un tren al fin y al kabut, Chu Chuá era por fin feliz. Se dirigía al rencuentro con sus padres, un maquinista de locomotoras y una ferromoza que la habían concebido en medio de un choque de trenes.

Estación de trenes. Aeropuerto Leonardo da Vinci. Roma, Italia.

Las lágrimas de otros (ojos)

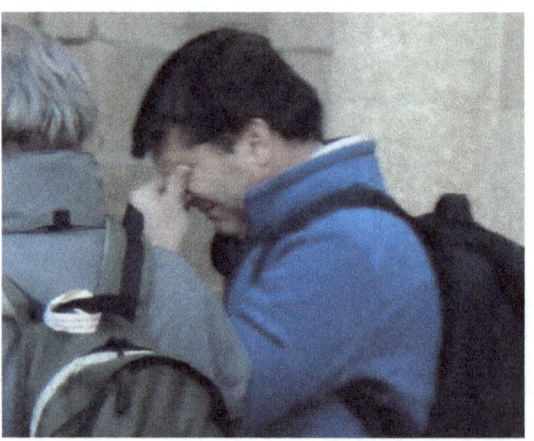

Desde el primer día de excursión todos lo habían notado. Un llanto que no cesaba, entristecía el rostro de aquel hombre desconocido que viajaba solo y no decía una palabra. El grupo de personas que lo acompañaba en el autobús, trataba de enfocarse en lo bello del paisaje, en las expectativas de lo que se disponían a visitar, en la alegría de sus vacaciones pero los sollozos del hombre finalmente atraían más su atención que cualquier otra cosa. Transcurrieron varios días y el llanto se convirtió en el motivo principal de conversación de los viajeros. Claramente mostraban más deseos de ponerse a llorar por gusto junto al hombre, que dar un paseo. Al llegar la última jornada, todos tenían ya los ojos enrojecidos. Fue cuando uno de los pasajeros decidió por humanidad y empatía dirigirse al afligido individuo y con palabras de consuelo le expresó: "Señor, no conocemos el porqué de su dolor, pero como puede apreciar, nos sentimos tan dolidos como Ud. Solo tiene que mirar a nuestros ojos. Su sufrimiento es contagioso y hoy todos aquí sentimos lo mismo que Ud.". El hombre, apenas levantando su mirada respondió con voz temblorosa: " Gracias, gracias por haberme dejado acompañarles". Esa misma noche el grupo debía reunirse en el lobby del hotel para tomar un transporte al aeropuerto. Presentes y a la hora se encontraron todos menos el extraño señor, quien inesperadamente se había marchado, no sin antes haber dejado una nota en la que se leía: " Nunca lloré. Mi intención no fue tomarles el pelo ni entristecerlos. Lo que buscaba era que no me sacaran del tour porque tenía conjuntivitis. Suerte y hasta en la vista".

Avila, comunidad autónoma de Castilla y León, España.

Ventanas

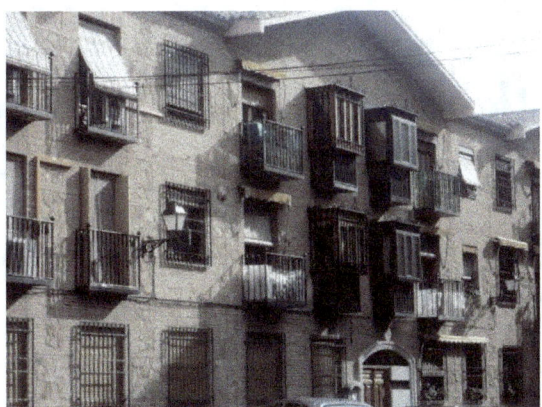

Detrás de una ventana se escucha un suspiro. Luego un gemido en el piso de arriba. Abajo, el llanto de un recien nacido interrumpe el silencio y la soledad del vecino anciano que acaba de perder a su compañera de siempre. Voces se alzan en una discusión. Una mujer fuma tranquilamente en su balcón. Duermen algunos que trabajan de noche. Otros leen la prensa o miran la televisión. La joven del cuarto de la esquina, retoza con su novio sobre una cama. Hay música en algunas radios. Entra la vida a través de las ventanas. A veces sale triste porque no espera volver. Llega la lluvia, más tarde entra el sol y con frecuencia, la luna trae un viento que alza el espíritu de todos, incluso el de los que ya tienen muy poco. Gira el mundo dentro de cuatro paredes, que nunca se aburren porque las ventanas les hablan en las noches, cuando muchos duermen, Les cuentan todo lo que han visto y todo lo que han escuchado dentro y fuera, mientras los demás, todos los demás continúan llegando y marchándose a través de los años, como abriéndose y cerrándose igual que las propias ventanas.

Toledo. Comunidad Autónoma de Castilla y León. España.

Los nobles

El humo que brotaba por la chimenea del Chateau parecía el preludio de una extraordinaria bienvenida en Nantes. Los duques de Bretaña se habían levantado bien temprano para recibirnos con un desayuno preparado por ellos mismos, pensábamos nosotros mientras tratábamos de controlar nuestras emociones. Les trajimos masareales de regalo. Ellos, a cambio, nos regalaron ropa y nos pidieron que la usáramos inmediatamente. Nos sentimos nobles, siempre lo habíamos sido; lo decían los que nos conocían. El duque se nos acercó puso su espada sobre nuestras cabezas y en una breve ceremonia nos pidió que preparamos diariamente el desayuno, recogiéramos la vajilla, la fregáramos, que le diéramos cepillo al piso y les preparáramos el almuerzo y la cena. Todos nos llamaban criados, pero no nos sentíamos así. Estábamos seguros de que lo decían por envidia. Tanto el duque como la duquesa se pasaban el día diciendo que éramos gente muy noble.

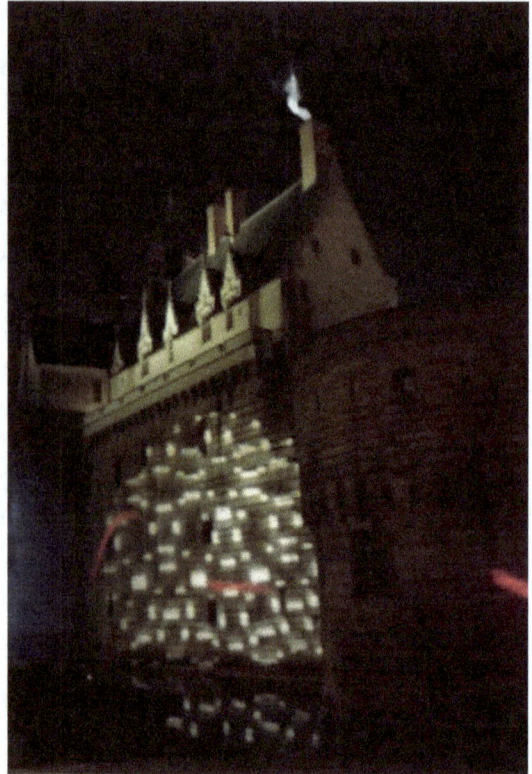

Chateau de los Duques de Bretaña. Nantes, Departamento Loire-Atlantique, Región de pays de la Loire. Francia

Chambre

Aún sintiéndose en las sábanas algo del calor de mi cuerpo, comenzaron a sellar la ventana del cuarto, para que nunca volviera. Lo recuerdo como si fuera hoy. Lloraron por mí, eso sí, pero el temor de que mi alma se reuniera con ellos en las noches, les hizo cometer este error. Se los perdoné. A todos los quise. Es más, los sigo hoy queriendo igual. Solo hicieron lo mismo que los demás. Era la época, era lo que creían. Entendible si hubiese sido yo un hombre de mal. El miedo los venció, los cegó. Desde el día que partí, nunca me he aparecido en esa casa. Dignidad etérea, diría. Aparte, ninguno de los que hoy la habitan tienen algo que ver conmigo. No quiero que nadie piense que estoy de vuelta por nostalgia, ni quiero que nadie se asuste por mi culpa. Además, lo que más me gustaba era mirar a través de los cristales. Para estar deambulando entre cuatro paredes oscuras mejor me quedo donde estoy. Lo único que hago es pasar por ahí de vez en cuando. Siempre alguien se me une. Todos se mueren porque les muestre el lugar donde vivía.

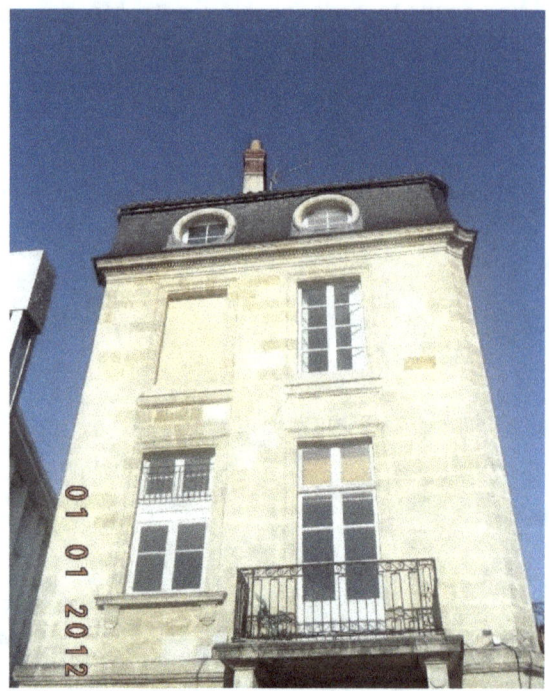

Bordeaux, Nouveau Aquitaine, France

Una historia a medias

Era medio rubia, no porque se hubiera teñido el pelo, sino porque era la mitad de una rubia, la mitad de una mujer. Caminaba dando saltos en su único pie y siempre andaba por el medio de

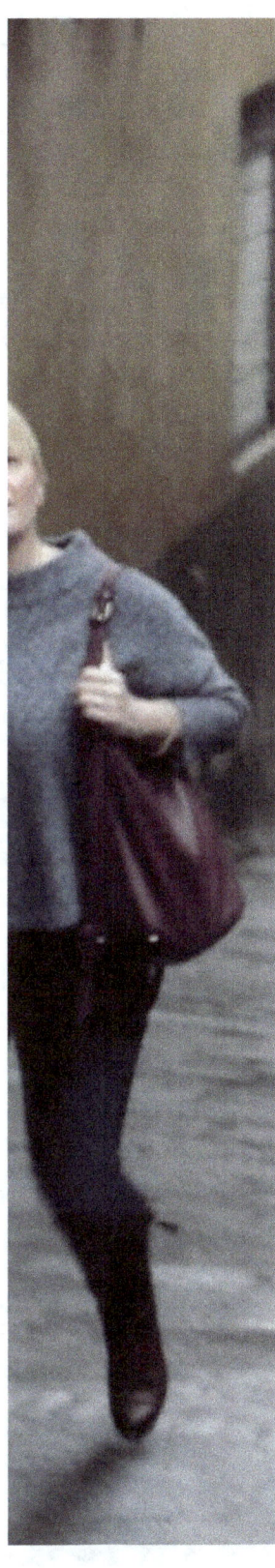

la calle. Su otra mitad era el marido de quien se había divorciado ya. Ahora andaban los dos medios solteros por la vida otra vez. Se juraron amor eterno. Por eso, en un momento, se consideraron recíprocamente la mitad de cada uno, echando a la basura sus otras propias mitades, las que poseían biológicamente cuando habían nacido; pero el amor no duró para siempre y ahora tenían que seguir así sin su otra mitad. A pesar de todo, ella se pudo quedar con todo. No con la mitad de los bienes, sino con todos. Él, sin embargo, no sabía cómo iba a poder seguir viviendo. Las cosas materiales perdidas no le importaban. Lo preocupante era que ni siquiera tenía un corazón. Había dejado que fuera ella la que escogiera la mitad izquierda donde habita el órgano vital entero. Ahora tendría que callarse cuando le dijeran que todo le había sucedido por carecer de entrañas. La fábula no termina ahí. Es solo la mitad. No sería justo relatar el resto. Dejaría entonces de ser una historia a medias.

Strasbourg, Alsace, Francia

THE BEST

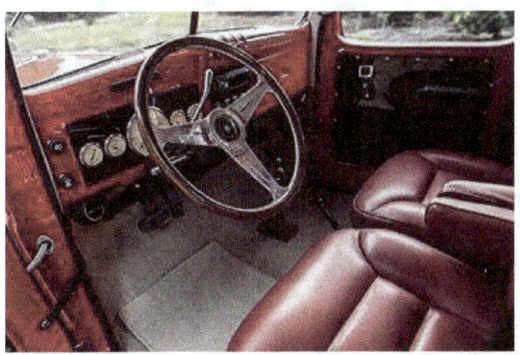

En la entrega de los premios al mejor doble de la historia del cine, estaban todos. Unos en sillas de rueda, otros con miembros amputados y algunos con lesiones menores. Solo uno gozaba de perfecta salud. Nadie lo tomaba en cuenta. Creían que no lo merecería. No se había arriesgado lo suficiente, pensaban. Incluso, cuando la cámara tomaba al público, evitaba panear por donde este se encontraba. Silencio total a la hora de anunciar el ganador. Enmudecimiento absoluto al nombrar quien se llevaría la estatuilla. El jurado lo seleccionaba a él. Cerca de trescientos largometrajes, la mayoría legendarios, avalaban su larga carrera. Subió al escenario tocando su propio claxon en delirante celebración. No era para menos. El timón que los actores golpeaban cuando el motor del auto no arrancaba estaba muy contento. Mostró las marcas de los puñetazos de más de 60 años a los presentes. Terminados los aplausos, se timoneó con elegancia del pódium, en dirección a los cientos de autos donde trabajara con tanta dedicación.

Naples. USA

BOLA MALA

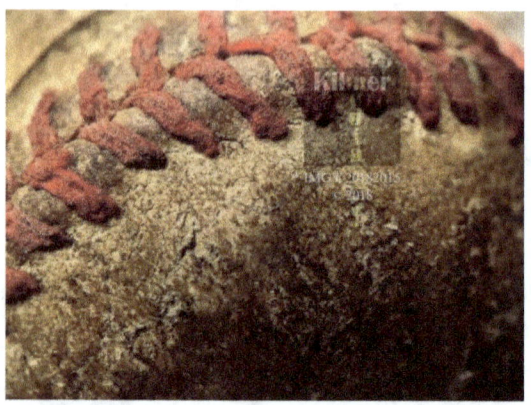

Bola mala llevaba diez años como pelota oficial en las ligas profesionales de beisbol. Su sobrenombre era más que justificado. Unos quince pelotazos a bateadores, decenas de espectadores lesionados en las gradas por conecciones de foul y repetidos actos de crueldad a los *infilelders* al tirarse contra pequeñas piedras para saltar y convertirse en *hit* en el preciso momento de ser atrapada, además de arrastrarse en el último segundo para escapársele entre las piernas a un jugador. Muchos deseaban sacarla del juego de por vida, pero los *pitchers* se oponían. Era muy buena para el agarre del *slider*, el *nuckleball* y muy honesta como recta, Nunca protestaba cuando la ensalivaban y poseía una excelente dirección para apenas caer como bola en la mascota del *catcher*. Por ningún motivo permitió que la tiraran cuatro veces para una base intencional. "Strike o que me revienten" decía siempre con valentía y orgullo. Una tarde, en un partido sin importancia, tras malinterpretar las señas del *dogout*, el lanzador la sirvió como un manjar a un experimentado *slugger* quien no la perdonó y con su madero la sacó del parque por encima del techo del *rightfield*. Cayó sobre el parabrisas de un auto al que instantáneamente astilló. Un fanático la recogió y antes que le pidieran devolverla se alejó corriendo por las oscuras calles de los alrededores del parque deportivo. La encerró en una caja por dos años y solo la entregó al estadio luego de negociar entradas gratis para toda la temporada. La noche en que bola mala reapareció en un juego, la ovación del público y los peloteros se extendió por varios minutos. Sus costuras se humedecieron de la emoción. Sin embargo, el tiempo transcurrido fuera del terreno la habían deteriorado. Ya no era la misma. Estaba hecha una pelota de gorda. Nadie quería lanzarla y los bateadores se quejaban de lo poco que rebotaba. Le ofrecieron un contrato en una liga de *softball* pero

 lo rechazó por considerarlo una humillación. En un encuentro final por el primer lugar de la división, rodó sola por la línea de foul de tercera hasta que el *umpire* de *home* la declaró bola muerta.

Estadio de los Marlins, Miami, Florida

LA RED

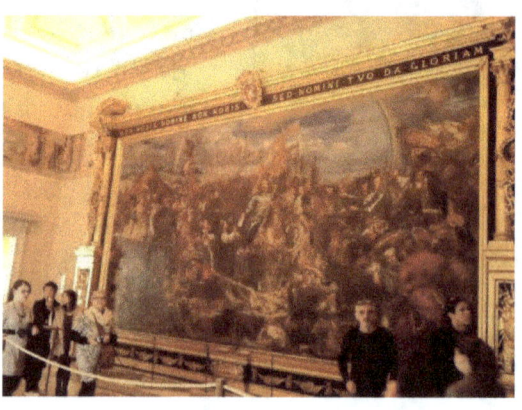

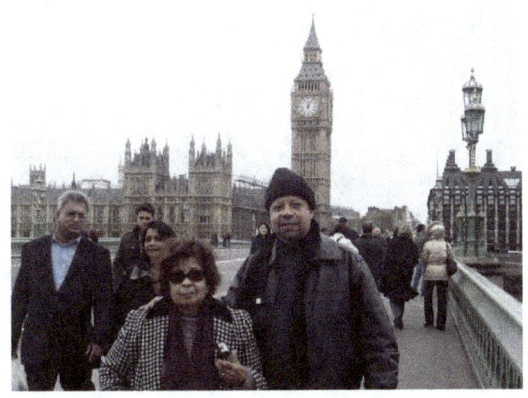

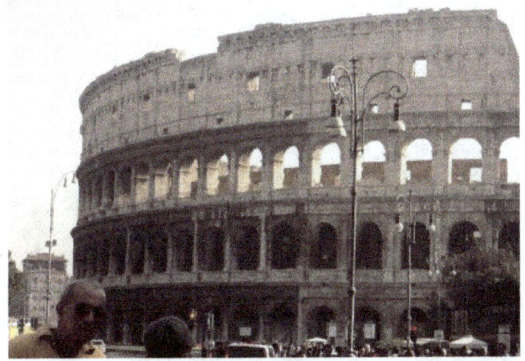

No fue un arranque de venganza lo que me motivó investigar los repetidos sucesos, donde siempre acababa con individuos no invitados a aparecer en las fotos. La Interpol me ayudaba a costearme parte del viaje y el alojamiento. Habían recibido quejas similares a la nuestra, pero no disponían de tiempo suficiente para un trabajo que requería mucha paciencia. Estuve cerca de medio año entre Londres, Roma y París. A la entrada del tercer mes, la frustración comenzaba a vencer mi voluntad inicial. Poco faltó para que decidiera abortar la operación. Un día mientras me alejaba de los Museos Vaticanos, escuché a varios turistas hablar sobre un hombre de aspecto estambuliano, que les echaba a perder una foto de recuerdo, al situarse repentinamente delante del encuadre de la obra "La victoria de Viena". El hecho me devolvía el entusiasmo. Al identificarme como agente encubierto por cuenta propia, les pedí me hicieran el favor de mostrármela. Permanecí unos minutos si decir una palabra, convencido de haber dado con el primer pandillero instantáneo. Mi instinto de cazador de rompe fotos se acentuó. Luego de varias llamadas a la Interpol, finalmente, capturábamos al personaje; un turco resentido porque en el cuadro de Jan Matejko, un pariente suyo no podía verse, al ser aplastado por un caballo. Una vez concluidos varios y extensos interrogatorios, admitía que era miembro de una red internacional, de una banda que se hacía llamar "Los intrusos."Un mes más tarde, todos eran atrapados. "El cabezón del Coliseo", "El pakistaní del puente de Westminster" y "la capotrice" de los malhechores: "La china de Montmartre". Sus tres súbditos expesaban los motivos que les impulsaban a cometer sus intrusiones: Figurar alguna vez en algo. La china de Montmartre, en cambio, no tenía ninguno. Diez sesiones de interminables preguntas recibían la misma respuesta de la asiática una y otra vez: "¿Por qué hace Ud. esto, china entrometida?"..." China, todo en la vida se paga" tarareaba irónicamente una y otra vez la miserable pekinesa.

Coliseo romano, Museos Vaticanos y Londres

Barrio amarillo

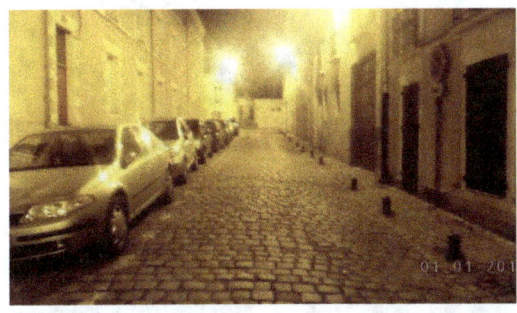

La conocí por internet. En el barrio amarillo vivía, según me dijo. Acordamos descubrirnos bien antes del primer encuentro. La cortejé de la mejor forma que pude. Mis palabras le hacían vibrar de emoción. Su tierna voz me inspiraba siempre a mucho más, a continuar el intercambio, a quererla un día con frenesí. Le aseguré que había guardado mi corazón para dárselo a quien mejor lo mereciera. Se lo entregaría sin pedirle nada a cambio. Hermoso gesto el mío de quererle regalar mi corazón, me respondió en un mensaje. No lo llegó a tomar. Lo rechazó. A partir de ese momento cambió por completo. Se tornó áspera e insolente. No existía una explicación clara para que una mujer tan simpática se convirtiera de pronto en otra persona. Aparentemente no, aunque al observar con detenimiento, todo se podía entender. Más que antipática era hepática y lo único que deseaba era que le ofreciera mi hígado antes que el corazón. ¿Cómo iba a saberlo?, para hepatólogo, Dios.

Nantes. Pays de la Loire. Francia

SÁDICO BUS

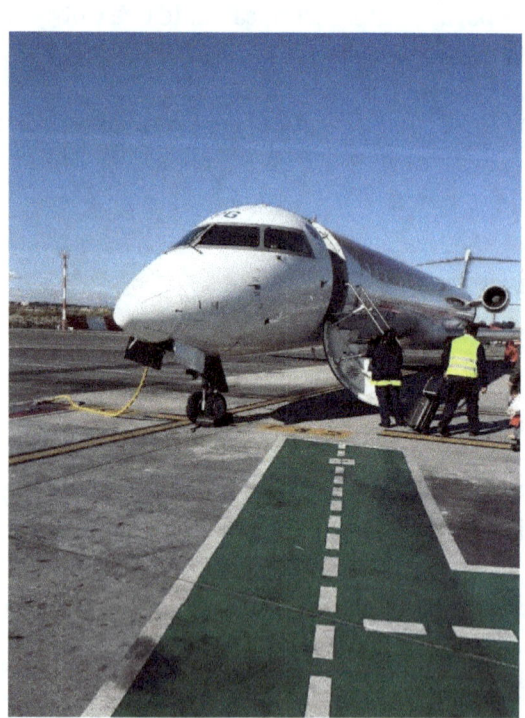

De ascendencia bus soy. Mi padre un trolebús, mi madre un autobus. Como busboy me inicié y a airbus he llegado; pero de lo que más orgulloso estoy, es de como a los pasajeros torturo. Creyendo que vuelan, los llevo por carretera. Lloran frustrados sin poder otra cosa hacer. Soy un bus cruel, un malvado airbus, soy un *airbusador*.

Aeropuerto Internacional de Lisboa.

CAUCE Y EFECTO

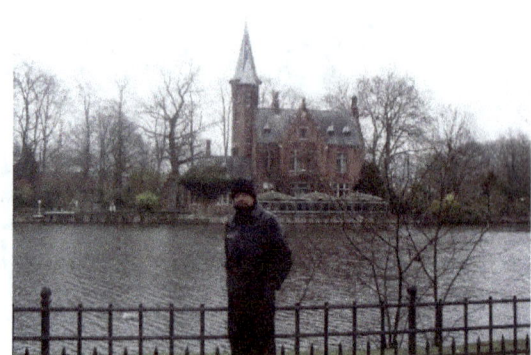

La riología no existiría si no la hubiese creado yo. La necesidad me obligó. Crecí en un lugar donde el río llevaba un nombre de guerra. Por mucho tiempo creí que era un río mitológico. Tanto las batallas marítimas como las propias aguas me las tuve que imaginar, inundándome la cabeza hasta el fondo con mejores ilusiones que las de los más creativos de los antiguos. Algo me decía, no obstante, que si su nombre era "Bélico", acontecimientos trascendentales en él habían ocurrido, aunque hoy olvidados estuvieran. Fue entonces cuando me aventuré en varias expediciones tratando de encontrar restos de un pasado glorioso en sus márgenes. Me obligué a pensar que los tenedores y cuchillos oxidados, las sartenes sin fondo y los orinales irreconocibles eran reliquias históricas de un reino de la antigüedad. Las parejas con me tropezaba en pleno acto reproductivo, las veía siempre como deidades perpetuando leyendas.

Me esforcé en averiguar con los vecinos, acerca del origen de sus ancestros, buscando una herencia que los vinculara a un posible pasado naviero. Nunca respondieron. Temían que en vez de investigador fuera un inspector de comunales con la intención de multarlos por verter basura en el área. Realicé varios recorridos, deseando adentrarme en la espesura de algún bosque para tener algo interesante que relatar. Terminaba siempre en un merendero que hacía esquina, donde el dependiente y yo compartíamos algo en común: No teníamos mucho que ofrecer. En mi último viaje de descubrimiento a lo largo del conducto de torrentes taciturnos, fui detenido luego de expresar que el motivo en esa ocasión era encontrar embarcaciones. El hecho de que referirse a veleros, galeones o barcazas estuviera prohibido quinientos, ochocientos o quien sabe si miles de años después era un indicio claro que la vía fluvial escondía un misterio aún por navegar. Con el objetivo de probar mi hipótesis sobre la existencia de ríos que corren de sur a norte, me despedí un día de la ciudad y del afluente de aguas recónditas donde creciera. Quise alejarme remando simbólicamente en un bote de ruedas, pero nadie se atrevió a facilitármelo. Ante una mancha de guajacones bucólicos que percibían mi partida, juré que un día regresaría a continuar mis estudios de riología local aunque para ello tuviese que cambiar mi apellido por el de Ríos.

Río Djiver. Bruges, Bélgica

La última cena

"Los edificios blancos del centro me parecen coditos con mayonesa... mmm, desde cuando no como coditos", comenté en alta voz. "El grande de la derecha un boliche, los del final, *spaghetti* a la carbonara con nata y mantequilla, los del

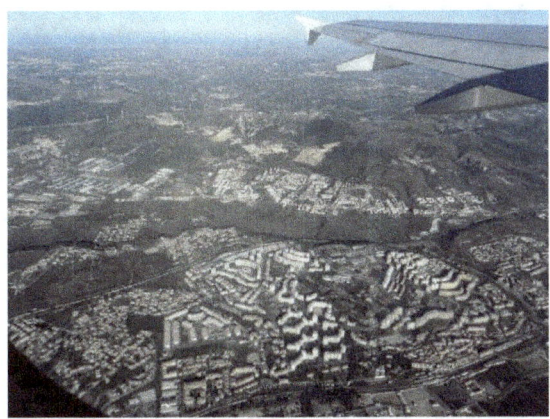

centro, al fondo, chorizos y morcillas españolas", continué diciendo mientras todos los pasajeros me prestaban cada vez menos atención. Luego proseguí con mi pedante analogía: "Los de la izquierda, panes enteros y cortados a la mitad, los de abajo también a la izquierda, muelas de cangrejo y un par de masa reales, las casitas de abajo a la derecha, arroz frito y las del costado opuesto judías salteadas". ...."solo falta un poco de carne de picadillo humano", añadió un hombre que viajaba a mi lado, quien sin pensarlo mucho, abrió la ventanilla y me lanzó como una papa por el aire. Al llegar al suelo, los habitantes empezaron a recoger mis pedazos en sartenes. Lo único que recuerdo es una foto ampliada del mismo señor que me arrojara del avión, creo que en la plaza central. Era el arquitecto que había diseñado el pueblo, según se enteró después una parte de mí que ya cocinaban con aceitunas.

Comunidades periféricas de Lisboa. Portugal.

Dipinti

No me lo contó nadie, ni lo leí en ningún libro. Lo viví en aquella hermosa tarde mientras recorría Gallería Borghese en Roma. Ocurrió en un momento en que creí que todos los asistentes me estaban mirando. Alguien me puso una

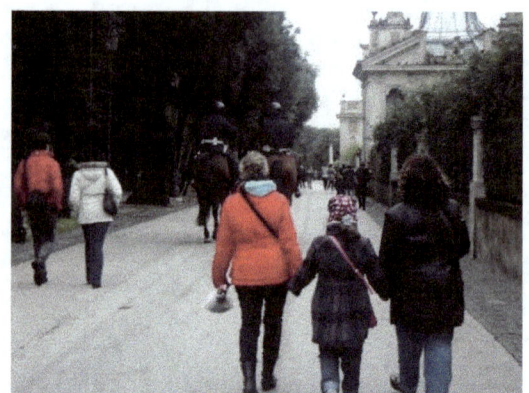

mano en el hombro. Ecuánime y en voz baja, me dijo que no me preocupara. Nadie podía verme, aun cuando sus ojos se enfocaran en mí. Era San Gerónimo, quien, sin inmutarse, continuaba escribiendo sobre una mesa. Estaba dentro del lienzo. No entendía como había ido a parar ahí; pero igual, que más me daba si nadie me veía. No quise interrumpir más el trabajo del santo anciano y caminé a oscuras en las profundidades del cuadro de Caravaggio. Comencé a escuchar risas femeninas a cierta distancia. En un lateral, logro encontrarme con un grupo de mujeres divirtiéndose en un lago. Algunas estaban desnudas. Inmediatamente quise lanzarme al agua. Domenichino me tomó por un brazo advirtiéndome que no lo hiciera. Diana no lo pensaría dos veces antes de dispararme una flecha. "Con sus ninfas nadie se mete" me aseguraba el pintor. Continué mi marcha por un sendero irregular y pintoresco, muy pintoresco hasta detenerme en una tumba abierta donde un bebé escoltado por dos mujeres estiraba su mano como buscando encontrar algo dentro. Un poco confundido por lo que observaba, di dos pasos atrás. Segundos después, la voz de un hombre sentado a la sombra de un árbol me hizo saltar del susto cuando dijo: "El amor puede ser sagrado y profano también". Fue entonces que puse pies en polvorosa antes que Tiziano, un tipo tan ocurrente, le vinieran otras ideas a su cabeza conmigo presente. Por el camino me tropecé con Parmigianino quien me quiso presentar al hombre que acababa de pintar y Rafael insistió en que conociera a su "Dama del Unicornio". Evadí a ambos con falsas excusas. Unos kilómetros adelante, un desconocido que insistía en decirme que él era el mismo, me dio un poco de agua para calmar la sed. Tenía razón, era el mismo porque se había pintado a sí mismo. Yo era el que no se daba cuenta de que se trataba de Bernini. La tarde iba cayendo cuando en el horizonte divisé una casa. Mientras más me acercaba más voces oía salir de adentro. "Espero me den algo de comer y de beber porque ya no puedo más" me dije. En efecto, mejor lugar no podía ser: Nada menos que donde se estaba celebrando "La Última Cena". El propio Jacopo Bassano me llevó hasta la mesa y me presentó a todo el mundo. Estuve bastante rato sentado junto a los apóstoles hasta que mi mujer y las niñas me reconocieron desde la sala. Al parecer, eran las únicas personas que podían verme en los cuadros. Luego de cenar, me despedí. Les agradecí mucho por la acogida y por el grato momento. Le guiñé un ojo a Jesús y le dije que era una lástima que fuera la última cena porque había estado muy buena. No recuerdo como volví a reunirme con los míos. No sé si salté, si me empujaron o si mi esposa me aló por un brazo. El hecho era que de nuevo me encontré frente a las obras tal y como los demás. Por largos minutos, mi familia me observó detenidamente, en absoluto silencio. Bajamos las escaleras y nos dirigimos a la avenida para tomar un taxi. De regreso al hotel, les pedí de favor que me perdonaran por no haberles llevado conmigo...... "No te preocupes", me contestó la mayor, "nosotras estuvimos contigo todo el tiempo, solo que tú no nos podías ver".

Villa Borghese, Roma.

Exclusividad

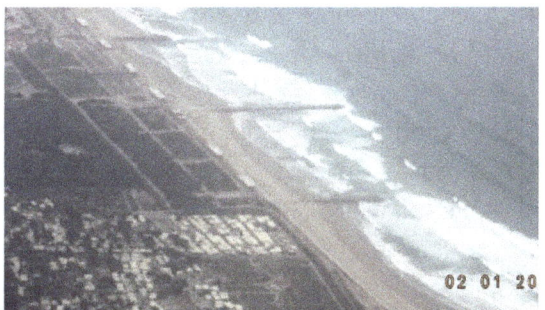

Se comía muy bien en el restaurante. Bisté de cocodrilo de agua salada y filete de tiburón blanco como platos estrellas. La carne tenía siempre un sabor muy especial, auténtico, con un olor muy fresco. Los precios eran exorbitantes. Aún así, el lugar no se vaciaba hasta la medianoche los siete días de la semana. Ningún otro establecimiento de la región podía compararse en calidad. La demora en servir era el único contratiempo. A veces había que aguardar hasta dos horas. A los comensales no les importaba en lo absoluto. Podían entretenerse ordenando cocteles en la terraza, mientras observaban como pescaban las presas en la playa cercana; una pesca excepcional, con un requerimiento bien establecido: Los animales a capturar eran solamente los que previamente devoraban a un bañista. Indiscutiblemente era un sitio *suis géneris* y valía la pena esperar lo que fuera por una cena irrepetible.

Costas de Portugal

La fruta de la discordia

El oficial le ordenó que se situara en ese punto con las manos detrás y sin moverse. Fueron horas de mucha tensión. Se sabe que el mundo vive tiempos difíciles bajo las constantes amenazas de los extremistas. La razón que el señor llevara el apellido Frutabomba no significaba nada. Es más, le había dicho claramente al guardia que él ni cantaba, ni bailaba, ni comía frutas. Es cierto que portaba una bolsa cargada de este producto, pero ¿acaso sabía el vigilante que era tradición en su familia celebrar el cumpleaños de cualquier pariente *dis-frutando*? ¿Por qué tenía que decirle que su estómago abultado levantaba sospechas? y ¿para que insistió en abrírselo en público, esperando encontrar supuestas semillas detonantes? Evidentemente, fue un acto más de frutalidad policial. Al notar que se habían tomado fotos del incidente, el agente trató de disculparse, pero ya era demasiado tarde. Undino Frutabomba no dejaría de denunciar el incidente, una papayasería imperdonable.

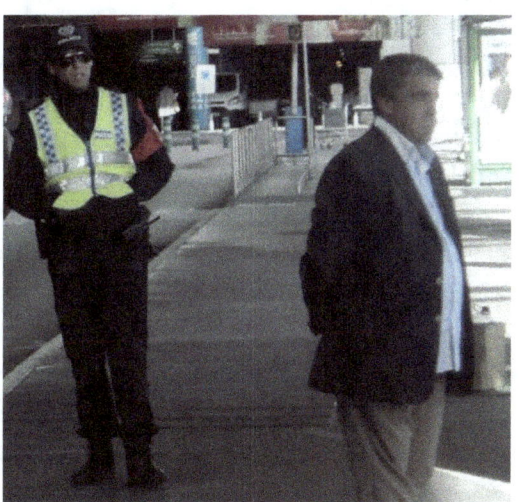

Aeropuerto Humberto Delgado. Lisboa, Portugal.

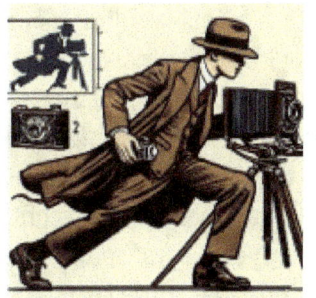

ESTO CONTINUA

El amor de Nak y Chetalpalaxa

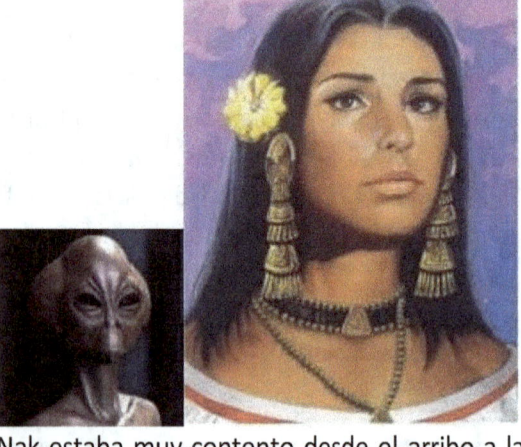

Nak estaba muy contento desde el arribo a la tierra. Esta era su primera incursión al planeta de los humanos. Desde las profundidades del infinito siempre había deseado explorar sistemas lejanos. Provenía de una familia de internacionalistas galácticos que en siglos pasados habían brindado su aporte desinteresado a otras civilizaciones como la egipcia, la griega y la romana. Lamentablemente en esas ocasiones, las guerras, los conflictos internos y la ambición terrenal habían hecho fracasar la noble misión extraterrestre de implementar avances en la humanidad. Ahora, Nak y sus compañeros se enfrascarían en la tarea de intentarlo una vez más. Para la nueva empresa, escogían al pueblo maya. Así, en una madrugada de verano, llegaban en sus máquinas ultra veloces hasta el destino elegido. Todo marchó muy bien desde el mismo principio. Construcciones de pirámides, planes agrícolas, escuelas formadoras de mecánicos y pilotos mayas, círculos políticos de Popol Vuh, etc. La expedición solo contactaba al cuartel general en Piedra Gorda, Galaxia del Norte, para informarles sobre las estadísticas del mes. La única situación fuera de lo común en la nueva expedición, era la excesiva curiosidad que sentía Nak por las tetas. A pesar del manual de comportamiento ético en planetas extranjeros, el cual Nak, habría jurado no violar, igual que el resto de la tripulación, el muchacho no podía controlarse cuando observaba a las mujeres mayas. En su vida había visto genitales porque su especie carece de ellos. Nak pertenecía a una sociedad donde la reproducción es completamente silvestre y asexual. Puede ser que hojeando revistas con modelos *topless*, traídas por sus antepasados, se le haya despertado una especie de libido cósmico que ni él mismo sabría lo que era. Lo cierto fue que su interés se tornó en obsesión, especialmente por Chetalpalaxa, una maya muy bella con figura escultural. Nak terminó enamorándose de Chetalpalaxa sin saber que cosa era el amor. Ella, por su parte, no sabía que cosa era la fealdad. Extasiado con la nueva sensación, comenzó a descuidar su trabajo y sus obligaciones óvnicas. La negligencia de Nak llamó la atención de los otros piedragordenses. Los rumores empezaron a viajar a la velocidad de la luz, a su dimensión de origen. La sanción disciplinaria se veía venir. Era solo cuestión de tiempo. La justificada excusa para enviarle de regreso a su galaxuño natal llegó el día que le prestó una nave a Chetalpalaxa para que diera una vuelta. La máquina se estrelló contra una colina. Transcurrieron dos horas nada más para que a Nak lo mandaran como un cohete de vuelta y se le prohibiera salir en futuras exploraciones. Chetalpalaxa fue encerrada en una celda con ratones por dos años. Afortunadamente a Nak le permitieron verla un minuto antes de partir pero nunca más supo de ella, ni siquiera a través de meteoritos mensajeros. La separación de su maya le afectó por el resto de sus días. Dicen que hasta el último suspiro deambuló por las calles astrales, tarareando una canción que el mismo compuso...♫ De cualquier maya sale un ratón, oyé, de cualquier maya♫, considerada la primera y única composición sideral de estilo romántico, plagiada además por músicos terrestres que nunca se dignaron a reconocer al verdadero autor en ningún espacio, aprovechando quizás el vacío en que cayó Nak, al haberse dejado tentar por un par tetas como las de Chetalpalaxa.

Cabecismo

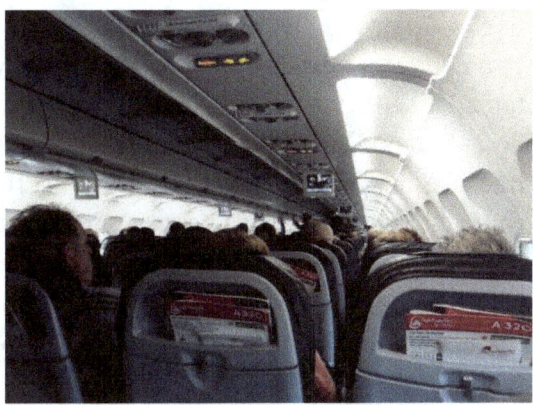

Dicen que hay caras que nunca se olvidan. En mi caso, diría que hay cabezas que nunca se olvidan. Dejan huellas indelebles en tu mente y terminas enfermándote de la cabeza, porque la mente está dentro de tu cabeza, por mucho que quieras tenerla en otro lugar. He deseado en innumerables ocasiones borrar esta imagen de mi cabeza pero no me atrevo ni a borrarla de mi archivo de fotos. Es más, la considero mi foto de cabecera. La miro por las noches, la miro y la vuelvo a mirar recordando en mi mente cada detalle de aquel terrible vuelo, de aquellas malditas cabezas causantes de mi trauma. Las cuento una por una y recuento en alta voz lo sucedido antes de cabecear y quedarme dormido. En la hilera delante de mi asiento, la cabeza de la izquierda, la descabellada, la que tosía y tosía viciosamente. A su lado, la cabeza de su presunta esposa que roncaba y roncaba sádicamente. Dos filas más adelante y pegada a la ventanilla, la cabeza canosa que reía y reía mirando una comedia, como si hubiera leído en alguna parte que reírse en pleno vuelo era muy saludable. Por último, el señor del centro, que no hacía ningún ruido en absoluto pero por la forma de su cabeza era el cabecilla del comando estress. Traté de tranquilizarme, subiendo el control de volumen en mi audio, pero no fue suficiente. Me descontrolé a tal punto que comenté en alta voz: "Creo que mi cabeza va a explotar." Fue ahí donde el resto de las cabezas viajeras llamaron a la seguridad del avión para avisarle de que yo era un terrorista y que llevaba una bomba en la cabeza. Vinieron inmediatamente. No sé si fue casualidad o ya estaba sugestionado, pero los tres eran cabezones. Me abrieron la cabeza y se llevaron lo que tenía dentro sin preocuparse de dejarme acéfalo. Después no recuerdo lo que pasó, solo sé que desde entonces, ando con la cabeza ida, volando de un lugar a otro sin pensar y con la mente completamente en blanco.

Vuelo Berlin-Paris

Pietro Costellazione

Andaba por todo el pueblo con su cabeza inclinada hacia atrás y mirando siempre al cielo. Lejos de lo que muchos pudieran pensar estaba muy orgulloso de su posición. Al observatorio astrológico se le había roto el telescopio hacía un tiempo. La falta de recursos para comprar uno nuevo, le daba la oportunidad al señor Costellazione, un fanático del firmamento local, para que trabajara como telescopio natural y así evitar que las que las investigaciones científicas se detuvieran. Era un telescopio incansable, pero de tanto mirar al infinito los ojos se le pusieron finitos. Sabiendo que podían despedirlo, comenzó a darse golpes en la cabeza con un meteorito para ver las estrellas. Lamentablemente nadie más veía esas estrellas. El observatorio estimó entonces que Costellazione había perdido su visión del universo. Razón por la que decidieron retirarlo. No bajó la cabeza ni un centímetro el día que se marchó del planetario central. Entretenido, se fue mirando para los celajes, convencido que lo llamarían de nuevo. Nadie se atrevería a hacer el trabajo como lo hacía él. Nadie era tan cogotú.

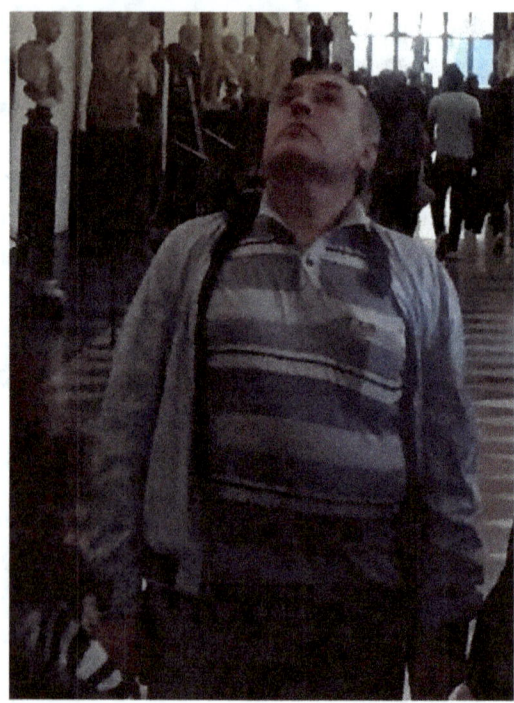

Galleria degli Uffizi. Florencia.

La historia de un Farallón

Las pedradas que recibes cuando llegas al Valle de Las Rocas es señal que ya estás muy cerca del cerro de rey Farallón, rey de todas las piedras y rocas de universo. La historia cuenta que en la edad de piedra, Farallón era solo una piedrecita que solía pasarse el tiempo en un río,

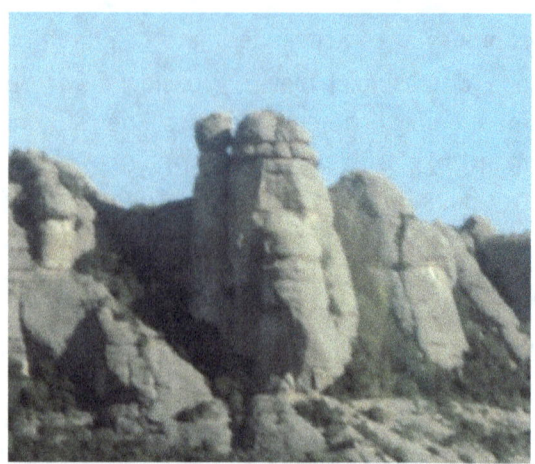

produciendo sonidos de todo tipo. Para combatir el aburrimiento, los habitantes del lugar optaron por venerarla. Se reunían en las tardes y tomados de las manos repetían a coro por una hora: "Cuando el río suena es porque piedras trae". Desde entonces consideraron a la piedrecita como la piedra angular de su comunidad, la que en reciprocidad nunca se les atravesó en el camino ni los amenazó con tirárseles por la cabeza. La adoraron por siglos, La amamantaron a base de helechos y musgos llenos de vitaminas, según se detalla en el libro de las Sagradas Escrituras Minerales. Ya convertido en farallón se enfrentó a rocas y canteras de piedras rivales derrotándolas en las Guerras Calizas donde impuso un dominio sobre las piedras calcáreas y volcánicas que dura hasta nuestros días. Visitar el farallón del rey Farallón es una gran oportunidad para todos aquellos que se arrepienten de llevar un corazón de piedra. No le pesará y al final se dará con un canto en el pecho por no haberse caído por un barranco.

Cerros de Cataluña, España.

Duda

Tranquilos tocaban su música gitana, con notas tan melancólicas que me hicieron sentir culpable por haber comido tantos brazos gitanos en mi vida y se los dije. Altaneros y orgullosos me expresaron que no conocían a ningún gitano que fuera manco. Me pidieron que me marchara y lo hice, no sin antes morderle el brazo a uno para ver si era dulce.

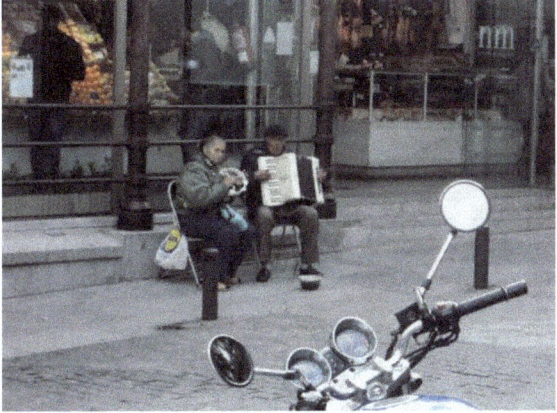

Mercado San Miguel, Madrid.

La gran perra

Fue mi vecina por varios meses. Siempre bien vestida, perfumada y amable. Lo único fuera de lo común era que no mostraba su rostro. Solo podía ver sus ojos, con la excepción del día en que se secaba el pelo en el balcón luego de lavárselo. A mí se me ponían los pelos de punta. Creía estar viendo al hombre lobo disfrazado de mujer, una especie de hombre lobo trasvesti. No era un problema de discriminación. Simplemente no quería que me mordiera un hombre lobo, trasvesti o no. El día que se mudó quiso que todo quedara muy claro en mí, quizás para que nunca la olvidara. Vino a despedirse. Esperaba me diera un beso en la mejilla. En cambio, me pasó la lengua por toda la cara. Lo más que pude hacer para reciprocar su gesto fue sacarle mi lengua pero hasta ahí... Al bajar las escaleras se orinó detrás de la puerta de entrada al edificio. No se marchaba por propia voluntad. La echaban como una perra, no por dejar de pagar la renta sino porque descubrieron que en efecto era una hija de perra, una mujer *poodle* y no se permitían mascotas en el lugar. Quise adoptarla. Mi mujer se opuso. "Para que yo quería una perra más", me dijo. Inmediatamente comenzó a ladrarme, como siempre. mientras me cubría los oídos con dos trozos de piltrafa.

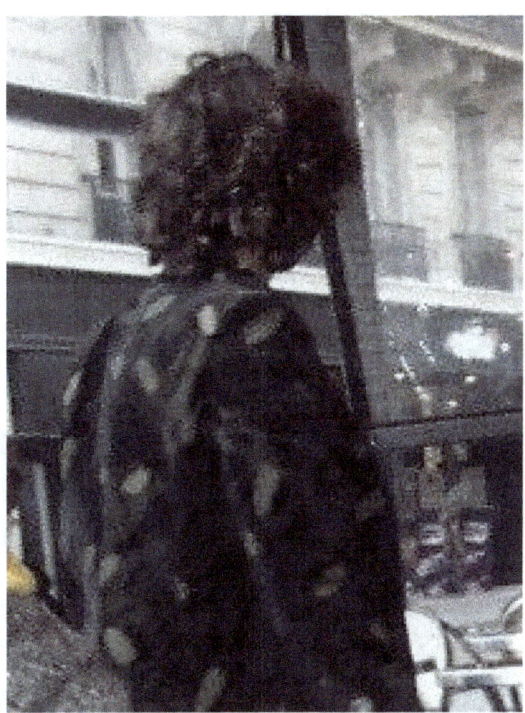

Boulevard de Saint Germain. Paris.

El desfile

Se habían levantado temprano otra vez. La rutina era siempre la misma. Los marinos se entusiasmaban en cada ocasión. Llegaban en camiones de los que descendían como si estuvieran desembarcando en medio de una invasión. Ocupaban sus puestos a lo largo de la avenida. Los altos parlantes no cesaban de entretenerlos con melodías de notas marítimas. Unas alegres, Otras tristes. Era tan fuerte la catarsis que producían en algunos que hasta llegaban a marearse como grumetes inexpertos en altamar.

Así y todo no se les permitía abandonar su posta. La gente apenas les prestaba atención. A ellos nunca les importaba. Creían estar cumpliendo con su deber. Escuché decir que estuvieron haciendo esto por seis meses. Luego supe que era un ejercicio que implementaba el alto mando del cuerpo militar en sus hombres. Una prueba de lealtad absoluta. Decirles que tendrían que estar en formación cada mañana esperando que el mar se decidiera a desfilar, diría mucho de su entrega y de su juramento anfibio. Ahora solo faltaba que la patria sin costas no los defraudara. Contra viento y marea tendría que buscarse una penetración del mar, al menos una penetración que le desflorara los bosques.

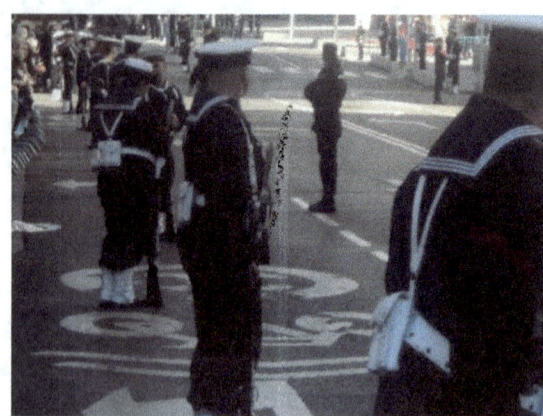

Madrid

Por lealtad

"¿Dónde está la reina?" preguntaba desaforadamente mientras subía y bajaba las escaleras de Vincennes, aferrado a la empuñadura de mi imaginaria espada. "Tish, tush, tash" imitaba el sonido de un acero en ristre y se lo clavaba en el vientre a todos los visitantes con que me tropezaba. "Estás muerto" les decía. No me entendían o se hacían los vivos, de verdad nunca lo supe. Eran grupos pequeños, no así el de los chinos. Me enfrenté a unos veinte. Los batí a

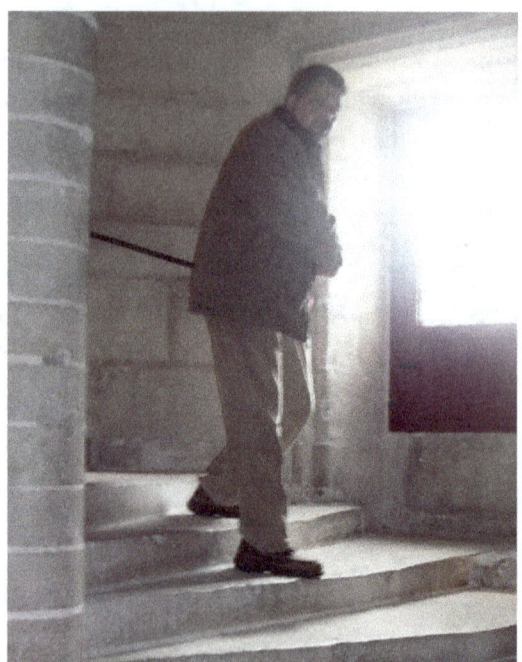

todos, menos a uno que me bloqueó la estocada con kung-fu para kungfundirme. No lo logró. Pasaron unas dos horas y la reina no aparecía. Estaba exhausto. No quería abandonar el castillo sin verla y expresarle mi compromiso de defenderla sin ningún compromiso. Abajo, a la entrada, unas treinta personas permanecían indecisas de subir o no los escalones. Me miraron asustados. "No temáis, solo busco a mi reina. Si los mato, les garantizo que vivirán" les expresé en tono grave, tan grave que se retiraron con paso apurado. ¡Reina! grité por última vez. De un lateral salió una hermosa dama vestida de azul. Mi emoción era indescriptible. "Su Majestad", dije mientras hacía una reverencia. Un inesperado baño de agua fría sobre mi cabeza interrumpía la solemnidad de mi acto, paralizándome instantáneamente. El agua provenia del cubo de Reina, así se llamaba la empleada de limpieza, una inmigrante colombiana que quiso dejar claro que ella no era Su Alteza ni yo tampoco su rey.

Chateau de Vincennes, Paris.

El espíritu de mi amor

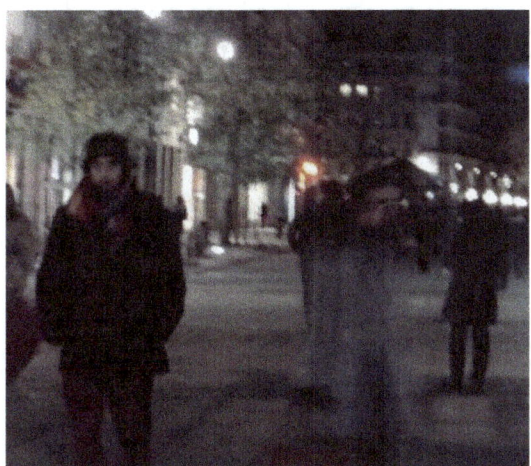

Hacía mucho tiempo que no veía a Filiberta. Los años apenas la habían cambiado. Quizás ahora lucía un poco más pálida, pero igual de bella y paranormal. Nuestro último contacto fue en el aeropuerto de la Habana, minutos antes de tomar la fantasmagoría aérea que me llevara a tierras de libertad supervisada. No la pude traer conmigo. Se molestó hasta el punto de que quiso quitarse la muerte dos veces. Gracias a Dios, que no lo hizo. Nada hubiera podido hacer yo para salvarla de una vida segura. Luego de nuestra separación, me obligué a sacármela de la cabeza aunque nunca de mi alma. Años más tarde logró obtener la ciudadanía etérea española. Pudo entonces elevarse mejor. Ya hoy se encuentra de nuevo circundando mi espacio, apareciéndose en cualquier lugar con la misma transparencia, con el mismo sobretodo y con el mismo olor.

Plaza Bellecour, Lyon. Francia.

Pelele

Lo del alejamiento en mí fue siempre natural. Una especie de vocación innata. Solo tenía que sentarme en un lugar para que todos comenzaran a marcharse poco a poco. No saben cuánto se los agradezco. Hoy me gano la vida distanciando gente. Soy la cara mundial del distanciamiento ferroviario. Las jornadas son largas. Vale la pena. Pagan muy bien. Tienen tanta confianza en el trabajo que desempeño que me han permitido formar un equipo de trabajo con diez muñecos idénticos a mí para cubrir la mayor cantidad de rutas posible. Ha funcionado muy bien. Hasta ahora nadie ha podido diferenciar a uno de los muñecos de mí.

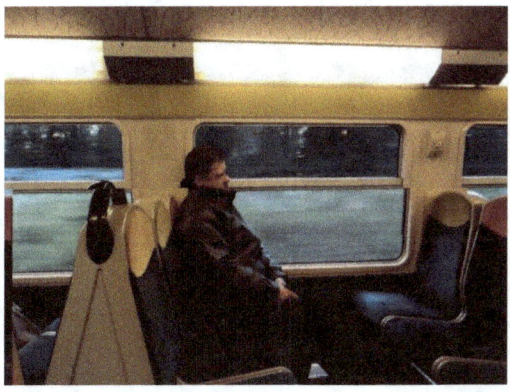

Chartre. Francia

Chantal

En las tardes libres me iba a observarla. Se acostumbró a verme sentado en el mismo banco de la parada donde me dejaba el bus. Me dedicaba alguna que otra sonrisa de vez en cuando. Yo también. Hacía sonar el silbato de policia de tránsito más a menudo para que la viera en acción. Sabía que un *fan* como yo no era muy fácil de encontrar. No lográbamos poder acercarnos más el uno al otro, de situarnos frente a frente. La recogían en una patrulla policial al final de su jornada o yo me devolvía a casa. Estudié por seis meses las formas en que podría violar las leyes del tránsito como peatón. El día que estuve listo para cometer una infracción, ella se me adelantaba. Llegó hasta mí para hacerme firmar una multa monegasca. Con mucho gusto accedí. Fueron solo un par de minutos que estuve frente a la bella oficial de apellido Chantal. Olí la copia que me entregara por días, embriagado con la esencia impregnada en el pedazo de papel. No fue hasta dos semanas más tarde que miraba el monto de la transgresión: 1200 euros por distraer a un miembro de la autoridad en servicio durante 6 meses. Como hija de Monaco que es, Chantal quiso que no la olvidara. Difícil de olvidar un territorio tan diminuto con una hija de puta tan grande.

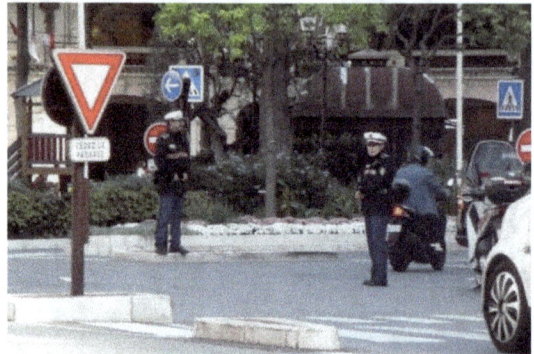

Principado de Monaco

Plaza de mil tiempos

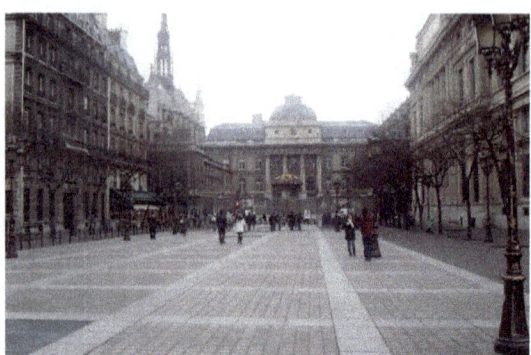

Escucho muy cerca, el chasquido del metal, cuando la hoja de una espada se encuentra con otra. Son las legiones romanas de Julio César invadiendo las tierras del pueblo celta de los Parisios. El Sena se torna rojo, arrastrando cuerpos que desaparecen en el horizonte. Gritan las mujeres, lloran los niños. Luego la calma, Han triunfado los conquistadores y llaman Lutecia a su nuevo dominio. Miro hacia el otro lado y diviso en los tiempos, a una caballería de guerreros Francos que cargan contra los ocupantes para hacer suya la "ile de la Cité". De nuevo cruentas las batallas, horror por todas partes. Han llegado los Merovingos, los Carolingos, ha llegado Carlo Magno y con él, Europa se vuelve cristiana. Me acerco a la ribera del río y me estremezco cuando veo acercarse a decenas y decenas de naves vikingas. Todos temen en París. El asedio dura un año. Luego, el azote de las plagas que compiten con las guerras en el oficio de matar. La hediondez es insoportable. Sigo la marcha de los años, con el repique de las campanas de la Sainte Chapelle que anuncia la llegada de las reliquias de las cruzadas. No muy lejos, en Pont Neuf, arden más tarde las llamas de la hoguera que lentamente abrasan a Jacques de Molay, superior de los caballeros templarios. Maldice a Felipe IV y a Clemente V. Maldición certera que cae sobre todos los Capetos y el Papa. Otra guerra enluta a la ciudad y a la nación completa un siglo después. Es una guerra larga, muy larga, de más de cien años. También cien años después. comienza una pugna religiosa. Católicos y Protestantes se baten a muerte en cada esquina. No cesan los conflictos. La matanza de San Bartolomé es suficiente para que me retire unas cuadras atrás, hastiado de tanto fanatismo y violencia. Me cruzo luego con Benjamin Franklyn, acompañado de varias damas de la corte de Louis XVI, va en paseo por la Cité. Calle abajo, aparecen Robespierre y Marat, Discuten con pasión, mientras Mirabeau arenga a las masas con un discurso de rebelión. Soldados corren en todas direcciones. Callado, contemplo los carretones llenos de condenados a muerte. Es difícil no sentir compasión. Una rústica carreta parte de la Conciergerie, con la reina. Logro ver su rostro compungido. No parece advertir las miradas de odio de la muchedumbre que se ha aglomerado para colmar de gritos la ruta a la Plaza de la Concordia. Bajo la cabeza. En solo unos años evitaría coincidir en una esquina con Fouché. No sé cómo pudo sobrevivir la revolución y convertirse en ministro de Napoleón. Siempre los astutos. Estoy exhausto, la historia es demoledora, aplastante, imponente. Me siento en un banco y secándome el sudor, me sereno escuchando a Cuasimodo tocar las campanas de Notre Dame, esperando llamar la atención una vez más de Esmeralda, la gitana de sus sueños.

Place de la Cité. Paris.

Paulette

Era bastante tarde en la noche cuando Paulette pasó por delante del hotel. Casualmente me encontraba en la puerta contemplando una vez más la muchedumbre antes de irme a descansar. La energía me vino al cuerpo inmediatamente que la vi. Decidí seguirla sin importarme nada. Sollozaba mientras decía frases entrecortadas a la persona con quien charlaba a través de su celular. "Cest pas vrai, Philippe, c'est pas vrai" repetía insistentemente. Creo que fueron unas veinte cuadras cuando al final Paulette se dio cuenta de que la seguía. Se detuvo entonces un par de segundos. Luego prosiguió la marcha un poco más rápido. Yo solo deseaba que Philppe le siguiera diciendo cosas. No me importaba caminar toda la noche, ni lo que Paulette pensara de mí. Minutos después apresuró aún más su paso hasta dar saltitos para ganarme un poco en distancia. Dobló una esquina y ya corriendo la escuché gritar con alegría el nombre de Philippe. Por una parte estaba contento. El hecho de haberla seguido hizo que su discusión con

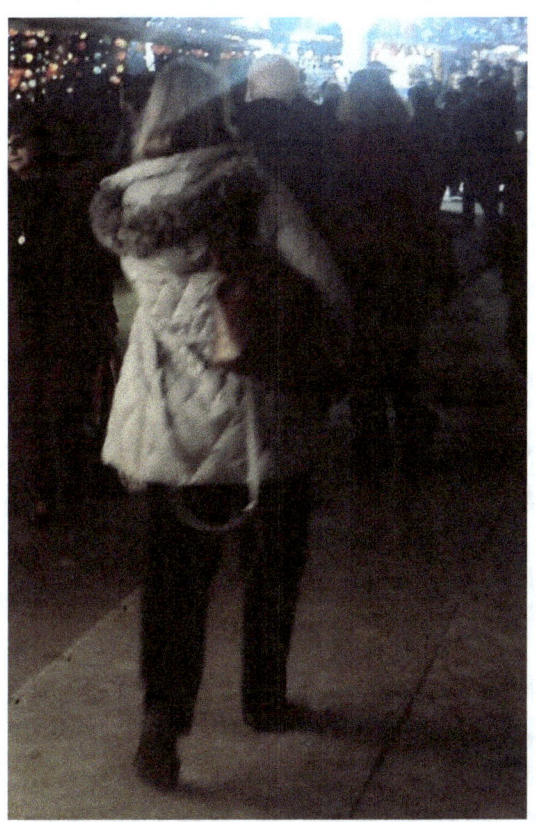

Philippe terminara en reconciliación. Por otra no lo estaba. Me quedaba sin escena, sin una historia que vivir, sin los instantes darmáticos de otra persona en su propio país... El asunto se daba por concluido para la pareja, no para mí. La policía me estaba esperando también en el lugar del encuentro de los novios. Pasé la noche entera en la estación. Me interrogaron decenas de veces y mi respuesta fue siempre la misma, la única que tenía, mi verdad. Me había tropezado de casualidad con una oportunidad irrepetible en la vida: Escuchar una discusión en ese idioma por teléfono y con sollozos como lo había visto muchas veces en películas. No iba a dejar pasar esta persecución. No es lo mismo estar sentado en la butaca de un cine mirando a una pantalla que escucharlo en vivo, de cerca y sin el guión de un film, le repetí mil veces al oficial, quien parecía no salir de su asombro ante mi obsesión fonética. Finalmente, me dejaron ir, quizás por cansancio, por la ingenuidad del hecho o porque al final la mujer no se llamaba Paulette. Es más, ni siquiera yo conocía a ninguna Paulette. Después de todo que me importaba como se llamara.

Campos Elíseos. Paris.

TÓRTOLA JIMENEZ

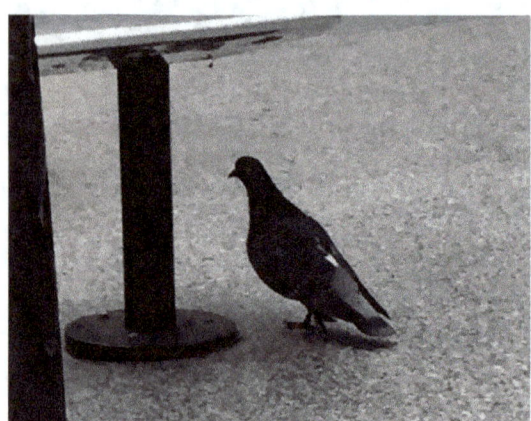

En el pueblo había un hombre que se sentaba rutinariamente en el parque, a darle de comer a las palomas. Todas comían menos una. El le hablaba con voz tierna, pero esta no se daba por enterada. Traía de cuantas semillas, granos y migajas de pan se encontraban. Picoteaban sin detenerse mientras la de plumas grises y negras permanecía inmutable. Un día, molesto y cansado de no verla tomar algo en su pico, le dijo en tono fuerte que tenía que alimentarse. Esta simplemente lo miró con cara de paloma enamorada. Sorprendido por la sinceridad del ave, dejó de darle de comer y empezó a darle besos, muchos besos, pero la paloma se defraudó porque él nada más le daba besos de piquito. Levantó vuelo y se perdió entre los edificios. Las que solo comían, no abrieron el pico ni para decir que lo sentían y también se marcharon avergonzadas. Él siguió yendo a sentarse en el parque en las tardes, a ingerir las semillas, los granos y las migajas solo, hasta que se le abultaba el cuello como el buche de un pichón.

Pasaron varios meses y un día, una mujer desconocida, se sentó en el mismo banco y sin que mediara una conversación, le dio un beso de piquito. El hombre la miró un poco aturdido. Le preguntó entonces quien era. Ella extendió su mano y le contestó con firmeza: "Soy Tórtola, Tórtola Jimenez. He venido a que me dé de comer. "Mucho gusto", le respondió él, mientras se le enrojecía el buche de la emoción.

Piazza del Duomo. Florencia, Toscana, Italia.

INCONJUNCIÓN

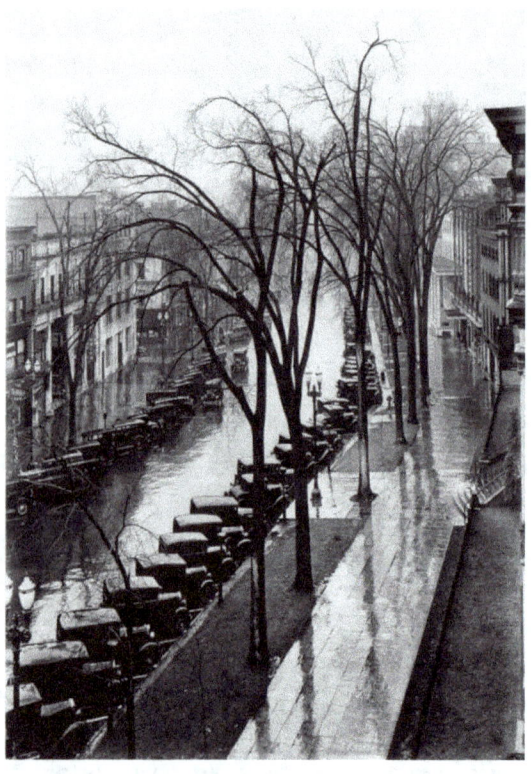

Foto cortesía de Walker Evans

Llegué a la ciudad con la única intención de encontrar las raíces del conjunto. Mis indagaciones levantaron la sospecha de las autoridades. Ya había molestado a casi todo el mundo en la localidad sin resultado alguno. Nadie conocía lo que era una guaracha, un bolero o un son. Sin ton ni son, decidí marcharme. El conjunto Saratoga nunca fue de Saratoga y tampoco allí nunca se presentó. La lista de pacientes tratados en sus manantiales, no incluía el nombre de ninguno de los músicos que pasaran por la orquesta. Me lo dijo un oficial del F.B.I. que por esas casualidades de la vida, tenía una foto de Lino Borges, colgada en la pared.

Saratoga Springs 1931 (Walker Evans)

4 Rue de la Haute Montee

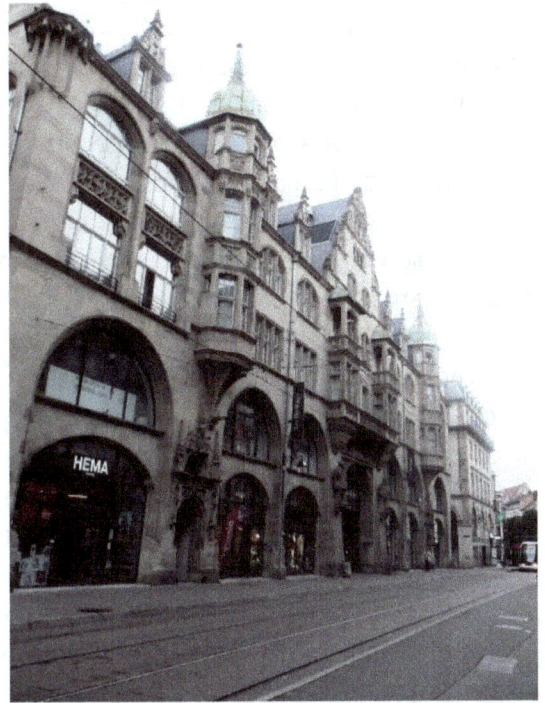

Un tram pasa cuando contemplo el bello edifico desde la otra acera. Lo detallo. Estoy ya inmerso en pleno 1942. Oficiales vistiendo el uniforme color pardo entran y salen constantemente. Se escucha el sonido de una máquina de escribir. Por la ventana, un militar camina de un lado a otro mientras le dicta a su secretaria algo relacionado con los nuevos detenidos. Un bando de renegados locales que se niegan a hablar alemán, a germanizarse. Ya el Führer lo había dejado muy claro en su visita al Strasbourg ocupado. "Elsass is Deustchland"(Alsace es Alemania) Se acelera el tiempo ante tus ojos. Transcurren tres años. Es una tarde de finales de octubre. Los Mercedez parqueados, aguardan al alto mando de la Gestapo. Traen maletas llenas de documentos y prendas personales. Hay cierta prisa Es hora de regresar a casa. Los americanos están cerca. Luego llegan unos camiones. Un teniente le pide enérgicamente a los soldados que terminen de montar todo lo que puedan……"Schnell, Schnell", les grita. Hay confusión. Hay temor. Pasa de nuevo otro Tram por delante de mí. Parece que es de nuevo 2021. Cruzo la calle en dirección al inmueble. Me recibe la recepcionista con un melodioso "Bon jour". Me da las llaves sin que tenga que pedírselas. Tomo el ascensor. Llego al cuarto. Abro con cuidado las cortinas que dan a la calle. Quiero cerciorarme de que la "Geheimnis Polizei se ha marchado de verdad. Parece que sí. Hay una niña que va de la mano de su madre. Un anciano con bastón en dirección contraria, una pareja de enamorados. Son todos de esta época. Yo, de ninguna y de todas a la vez.

Antiguo Cuartel General de la Gestapo en Strasbourg, Bas Rhin, Grand Est, Francia.

Der soldat Dietrich

Dietrich era el soldado más joven dentro del búnker. Hacía menos de un año que había sido enviado al frente. Un frente bastante tranquilo, sin apenas otra acción que no fuera la de vigilar el acercamiento de tropas enemigas. Ahora que su país se encontraba a punto de perder el conflicto, se pasaba las noches pensando que sería de su futuro, mientras cubría una de las postas en su turno de guardia. Provenía de una familia de militares. Su abuelo caería herido en Sebastopol, durante la contienda de Crimea. Su padre habría estado en el horror de Verdún en 1916. Dietrich no hubiese querido seguir los pasos de ninguno de los dos, pero no le quedó otra opción. Solo faltaba que acabaran de llegar los Sherman, los G.I., hacer un poco de resistencia, luego rendirse y esperar a ver que venía después. Así sucedió y todo terminaría finalmente en paz. Regresaría entonces a su pequeña aldea en la región de Baviera a realizar trabajos agrícolas en una granja. El horizonte del joven bávaro parecía convertirse en una rutina monótona y aburrida. Sin embargo, unos años más tarde, su tío Otto, lograba cambiarle la vida. El hermano predilecto de su madre dejaba el pasado nazi atrás, para alistarse en un nuevo enfrentamiento: El de la NASA contra la URSS en el dominio del espacio. Dietrich viajaría eventualmente a los Estados Unidos gracias a su pariente. Se casaría con una pelirroja de origen hebreo que lo acostumbraba a comer Kosher y terminaría vendiendo Mercedes Benz en un concesionario de clientes judíos.

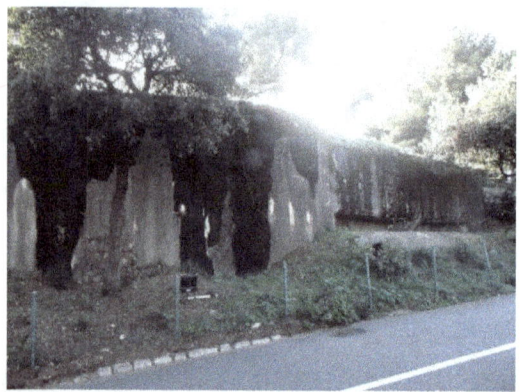

Búnker nazi en Roquebrun Cap Martin, Riviera francesa

Manfred und Gunter

Buenas, posteridad. Me llamo Manfred, a mi izquierda con bigote, Gunter. Sí, somos pareja, la

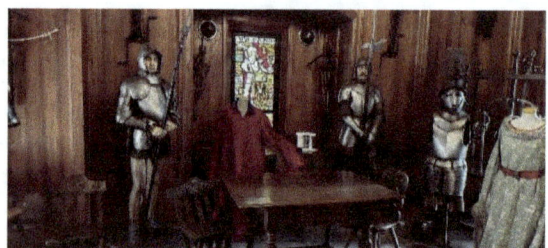

primera pareja medieval del mismo sexo. Nunca nos dimos un beso en público ni le hicimos saber a nadie que éramos. Lo sospecharon por nuestra peculiar armadura. Cuando atacaban al Chateau, nos ponían siempre en la primera línea de combate para probar nuestra hombría. Tontos machistas, parece que nunca escucharon hablar de los guerreros celtas, espartanos y romanos. Tanto Gunter como yo, somos muy diestros con la espada y la lanza. Ni siquiera un arañazo en un muslo. No voy a negar que distraemos al enemigo con nuestra extravagancia militar. Es más, hasta dos o tres soldados de Colmar nos han tirado besitos, pero no hemos caído en la trampa y terminaron con nuestras lanzas en sus vientres. Lo cierto es que sin Gunter la habría pasado muy mal aquí. Estos niños no tienen gracia ninguna. Son demasiado toscos y vulgares. Total, tanto que se hacen y cuando la candela se pone dura, se pierden de vista y después aparecen en el último piso del castillo "protegiendo las torres" dicen. Partía de pendejos que son. No sabemos cuándo ni quiénes verán esta foto. Lo que importa es que sepan que fuimos los primeros en Haut Koenigburg, aunque no los únicos. Un tiempo después, al rey le dio por ponerse una bata roja todas las mañanas y organizar un desfile de piernas con los guardias en cada verano. Nadie nos atacó por mucho tiempo. Los prejuicios bélicos influyeron mucho. Ningún ejercito se sentía tan masculino.

Chateau de Haut-Kœnigsbourg, Alto Rin, Alsace, Francia

Zeriel

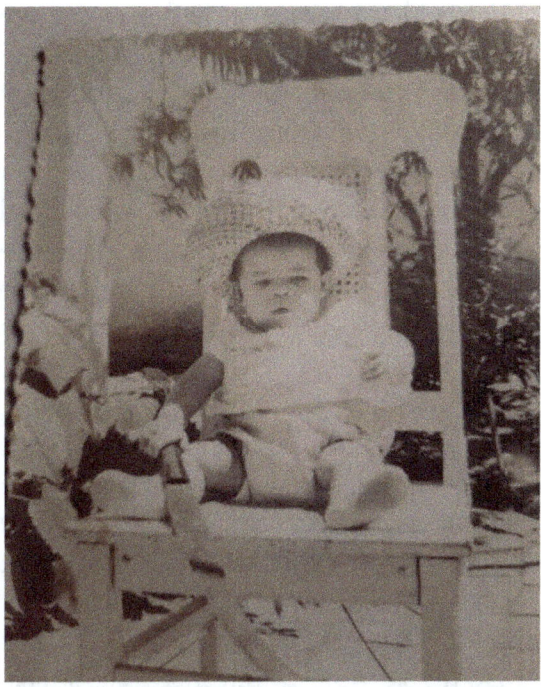

Esta es la historia de Zeriel, el que nunca quiso ser lo que fue y cuando un día logro ser lo que no era, luchó incansablemente para ser lo que no había sido antes de lo que fue.

Su familia era tan pobre que no pudo ni siquiera encontrarle un nombre de pila. Para evitar la humillación de tener que ponerle un nombre de carbón decidieron nombrarlo con un pronombre. Por eso cuando nació lo llamaron "el" pero gracias a varias organizaciones de renombre, pudo recopilar diversos nombres que usó a lo largo y ancho de su corta y estrecha pero extensa vida.

Así, de "el" pasó a llamarse Ariel, luego Burdiel, más tarde Cipriel , Deriel, Ezequiel, Fredesbiel, Gabriel hasta que llegar a Zeriel, nombre que nunca pudo quitarse por haber decidido quitarse la vida unos días antes. Se quitaba la vida porque el no se la había dado. No tenía nada que reprocharse a sí mismo. Luego se le quitó la idea. No se llegó a quitar nada.

Zeriel fue un niño consciente hasta los siete años. Al llegar a esa edad, subconsciente de que aún tendría que seguir siendo un niño por unos cuantos años más, decidió pasar a la vejez unos meses antes de llegar a los ocho años. Esto facilitó a Zeriel, quien para ese entonces se llamaba Burdiel, disfrutar de una temprana tercera edad, codeándose con los ancianos más establecidos de su época, aprendiendo con increíble rapidez y en muy poco tiempo, el arte de sentir los achaques y limitaciones de los mayores quienes se vanagloriaban de contar con un miembro tan prematuro entre sus filas.

Unos años mas tarde, cuando se había convertido en un establecido ocambo, empiezo a sentir que el peso del tiempo le iba haciendo una joroba en su espalda y en su vida. Decidio entonces que lo mejor que podía hacer era quitarse ese peso de arriba pasando a otra etapa. Optó por regresar a la adolescencia, a pesar de encontrarse disfrutando de una excelente vejez.

Había quemado la etapa más difícil de la vida y con bastante anticipación. Había llegado a viejo sin oír consejos. Ahora enfrentaba el reto de los años mozos con la experiencia de un anciano y con la incertidumbre de haber alcanzado la nueva edad sin formarse previamente como un niño. Eso no significo nunca un obstáculo para Zeriel porque "el" nunca creyó en las etapas de la vida. Para "el" solo existieron impulsos, deseos y ganas de hacer lo que le venia en mente. Mente nunca le faltó para actuar con demencia.

Fue Cipriel, el Zeriel adolescente que de la noche a la mañana se convirtió en el adolescente del año por adolescer más que todos los demás y fue Fredesbiel el Zeriel que crió a sus nietos antes de tener sus propios hijos.

Por este desorden de su vida, se ha hecho imposible determinar cuanto de "el" murió y cuando de "Zeriel" vivió. Hasta algunos tiempólogos han llegado a afirmar que el ejemplo de su vida esta presente en nuestra muerte diaria. Los únicos datos que se han podido determinar sobre "el" y con bastante imprecisión son que se casó a los cuatro años, que tuvo sus nietos a los dos, que pasó una vejez juvenil, que trabajo en la adolescencia como graduado universitario, que estudió en la época de lactancia que dijo papá y mamá por primera vez cuando era un hombre hecho y derecho y que vivió añorando la muerte desde su propia gestación. Gracias a el, ahora mismo no sabemos si estamos escribiendo, si estamos entendiendo o si estamos. Nos imaginamos a todos les suceda algo parecido. Los esperamos al principio una vez más.

Santa Clara, Cuba.

CORREDOR VERDE

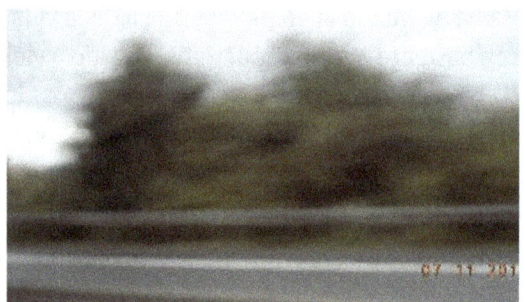

Siempre me gustaron las carreras. Las de autos, las de motocicletas, las de bicicletas, las de caballos y perros. No me perdía ninguna. Solo que con los años, empezaron a aburrirme. Fue entonces cuando empecé a interesarme por las de matorrales. Un evento muy poco difundido, simplemente porque a la gente no le da gracia ver a un grupo de matas corriendo. Confieso que al principio yo estaba también un poco escéptico. Me sentaba en el separador de vías y me ponía a darle ánimo a las competidoras. Apostaba por la más verde de todas. Cuando no ganaba la mía, me conformaba igual. Al final, la que ganaba era también verde. Tenía que andar con cuidado. Este tipo de evento estaba totalmente prohibido. La policia se aparecía y me tenía que esconder en el primer matorral que veía. Así me fui haciendo poco a poco amigo de la vegetación. Me avisaban de las carreras con antelación y hasta me dejaban cabalgar sobre un gajo para que sintiera lo veloces que podían ser. Mi mundo empezó a cambiar por completo y mi razonamiento se tornó clorofílico. Me sentía como una planta más. El único error que cometí fue decir que era vegetariano. Sacrilegio floral que desconocía. Desde ese mismo momento me amarraron de pies a cabeza a un tronco lleno de hojas y me implantaron raíces en los pies. Ahora soy yo quien corre al lado de las carreteras, en las largas competencias de matorrales que nadie quiere ver. Me entretengo mirando a los autos que me pasan por mi lado, a los que nunca puedo alcanzar.

Interestatal I-95, Florida, USA.

FRECCIA NERA

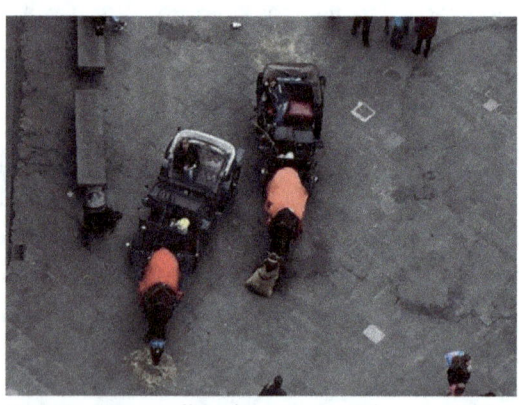

Freccia Nera llevaba una vida apacible y

cómoda en un privilegiado establo en las cercanías de Louisville. Su rutina diaria era lo más exquisito que un caballo de carrera pudiera aspirar. Alimentación balanceada y variada, trotes y corridas en pista privada, junto a una atención de primera por parte de todos, desde el dueño hasta el *jockey*. No tenía nada por qué quejarse. De hecho, no se quejaba de nada. Solo que, luego de escuchar que sus ancestros provenían de la Toscana medieval, su mente comenzó a cambiar, a alejarse de radicalmente de su realidad. Decidió entonces contactar secretamente a la Logia Internacional de Masones Equinos para expresarles el nuevo giro que tomaban sus expectativas. Prometieron ayudarle. Sabía, no obstante, que en el Derby que se acercaba, había mucha esperanza en que lograra el triunfo. La fama internacional estaba a unos pocos días de hacerse realidad. No era su máxima aspiración. Tampoco su meta. Tranquilo y sereno como de costumbre, no le demostraba a nadie su nuevo enfoque. Una semana antes de la tradicional competencia, la publicidad se desbordaba en todos los medios. Freccia Nera estuvo a punto de relinchar con ira por el constante asedio. En la tarde esperada, hizo lo que normalmente se hace en un evento de esta magnitud. Se colocó en el puesto de arrancada a esperar el momento. Una breve mirada al numeroso público reunido en el legendario hipódromo. Los colores pasteles de las pamelas y el olor a perfume francés le distrajeron por segundos. Sale un segundo después que los demás de su caja. Gracias a su destreza y velocidad natural va rebasando a cada uno de los contrincantes. En cada metro de la carrera, el horizonte señalaba la meta que lo impulsaba a correr más rápido: Las praderas de los Apeninos. Al final, escuchaba la algarabía en el estadio. Una palmadita del jinete en el cuello, le anunciaba que había ganado. Luego vino la ceremonia, la corona de flores y más fotos y fotos. Horas más tarde, de vuelta a la hacienda, le agradecía a Claudio, su inseparable cabalgador, por el cariño y el empeño de tanto tiempo. Antes que empezara a escuchar a hablar al dueño otra vez sobre futuras competiciones, Flecha Negra lograba escaparse, en una fría madrugada en dirección norte. Nervioso y a todo galope, fue rumbo hacia el punto acordado. Los fraternos hípicos no lo defraudaban. En la frontera de Kentucky e Indiana, lo esperaba un *trailer* que lo llevaría hasta Terranova y de ahí un barco hasta las costas italianas. El sueño de encontrarse para siempre en las angostas calles de sus antepasados se hacía realidad, gracias al plan de Bella Bionda, su futura novia y del gremio de cocheros de Florencia.

Piazza de Santa Maria del Fiore, Florencia, Italia.

Adopción, abducción.

Cuando Platillín fue adoptado por un ser humano, el mundo entero lloró de emoción. Era el primer cachorro espacial que residiría en la tierra. Había quedado huérfano luego que la madre falleciera en el centro de recreación para *aliens* "Área 51" en Nevada. El hecho nunca fue aclarado. A las autoridades no les quedó más remedio que revelar la existencia del platillo infantil para evitar un escándalo sideral. Platillín fue mostrado ante las cámaras, donde dejó ver su lado humano, al desear quedarse a vivir en la tierra a pesar de su infortunio. Ese fue el momento en que apareció en la palestra Galáctico Lunar, un hombre sin experiencia en el cuidado de menores. Un jurado le concedió la custodia por llevar el nombre más apropiado. Al principio todo marchó bien. Platillín se adaptó a su nuevo habitat mientras el señor Lunar se ovnibizaba paulatinamente. Los conflictos

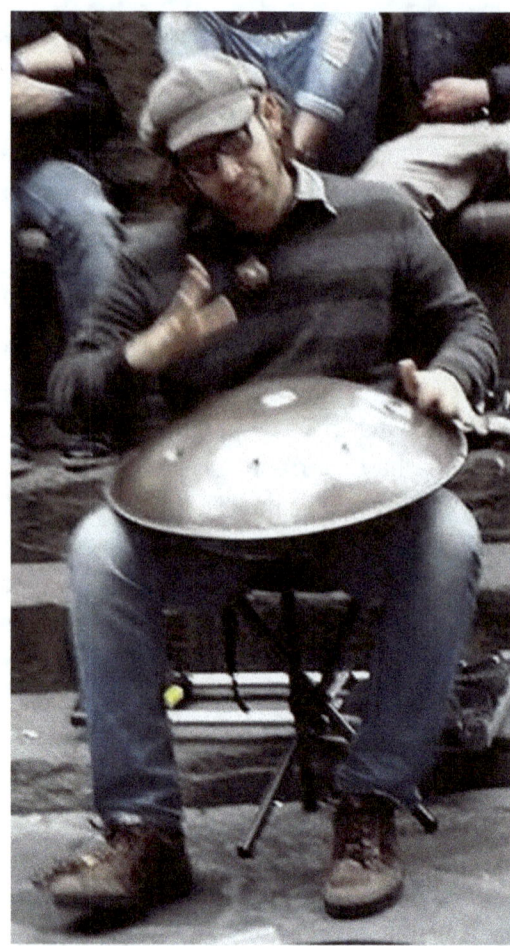

confundía a todos. Un tiempo después, no quedó dudas de que se trataba de un acto de abuso infantil ovniense, el primero en la historia del universo. La noticia se expandió a la velocidad de la luz. Por suerte, nadie se decidió atacar a nuestro planeta. Resolvieron al asunto usando inteligencia artificial. Rescataron a Platillín en una madrugada estrellada. De paso, como castigo, abductaron indefinidamente a Galáctico. La familia no sabía si reír o llorar. Le habían llevado a un ser querido, pero a la vez ya podrían dormir placidamente.

Piazza Della Signoria. Florencia. Italia.

AT THE PUMP

Nunca solía prestarle atención a los videos de la bomba de gasolina. Una mañana lo cambiaba todo. Mientras esperaba que el tanque de mi auto se llenara, escuche una voz que se parecía a la mía. Miré en todas direcciones buscándome. La voz continuaba hablando. Ya no tenía dudas que era yo. Mi propia voz me lo confirmaba, indicándome que provenía del video. Enmudecí al verme en él, escondido detrás de mi carro. Gritaba pidiendo auxilio, mientras la empleada de la gasolinera, la misma con quien había hablado minutos antes, se acercaba a mí con un hacha. Ella y yo en un corto de horror que no recordaba haber filmado. De cualquier manera lo que más me importaba era salir con vida. "Corre guanajo" me decía a mí mismo. Lo peor es que desde el video yo me contestaba. A punto de ser masacrado por la empleada, la grabación se detiene. Un letrero aparece en la pantalla. "To be continued". Me dirigí hacia dentro de la estación de gasolina. Allí estaba la mujer, operando la caja registradora pero sin el hacha. Al notar mi expresión de espanto, me preguntó con una sonrisa si deseaba algo más.

comenzaron al año. Los familiares del niño platillo se interesaron por saber como le iba. Las visitas del exterior se fueron incrementando poco a poco hasta hacerse diarias. Sucedían siempre en las noches cuando Galáctico y su familia dormía. La relación se tornó tensa. Nadie se atrevía decirle nada a Platillín por temor a represalias de proporciones infinitas. Una mañana en que el señor Lunar no pudo pegar un ojo por lo cercano del último encuentro, tomó a Platillín por un borde, se lo llevó a una plaza pública y le empezó a dar nalgadas humanas en su superficie metálica. Al principio, la gente pensó que se trataba de una presentación musical. Mientras más duro Galáctico golpeaba a Platillín, más notas armónicas se escuchaban. Así lloraba el infante volador no identificado, algo que

Le contesté con una pregunta, indagando si ahí también vendían hachas. No esperé su respuesta. Regresé a toda velocidad a mi SUV. Me alejé manejando como si fuera un patrullero acabado de recibir una orden de persecución por radio. En cambio, fue a mi a quien un patrullero siguió hasta detenerme. No por una infracción de tránsito como pensé. Me buscaban ya por toda la región. Incitación a la violencia por medio de la imaginación, era el cargo que me imputaban. La acusación la presentaba, alguien que me había robado la identidad en la maldita gasolinera, valiéndose de un video montaje.

Naples. Florida. USA

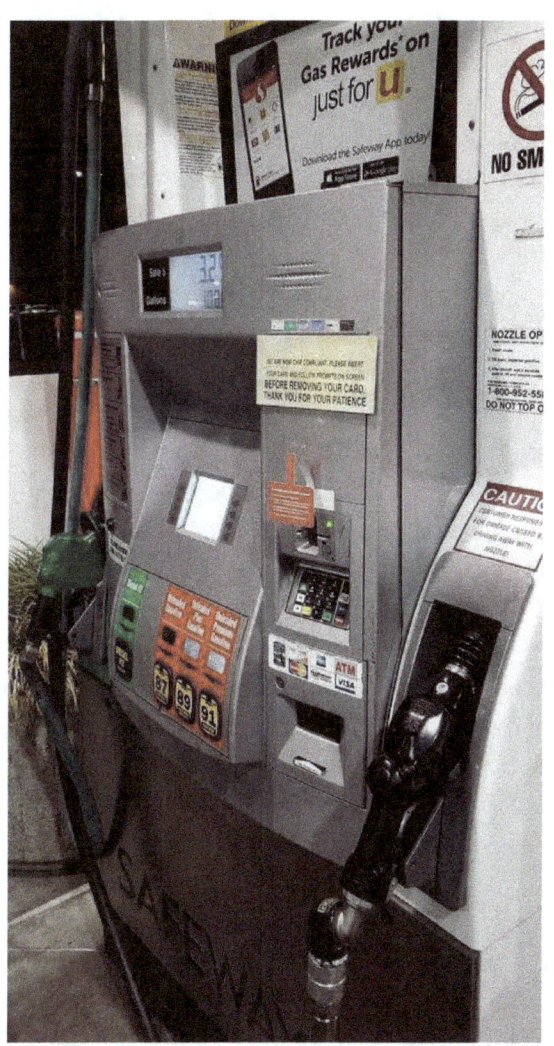

La impersistencia del tiempo

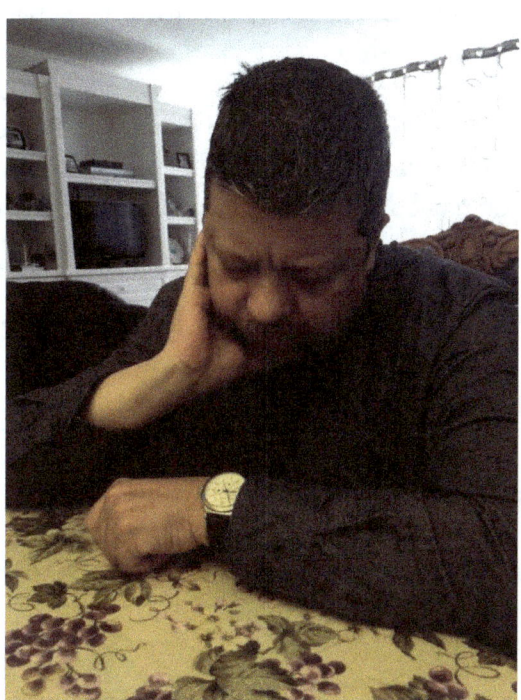

Durante años creí tener un reloj rebelde, un reloj que se negaba a cambiar de hora cuando llegaba el momento de hacerlo. Me lo demostraba sin falta, deteniéndose con precisión justo a las 12 de la noche, en el instante en que debía manipularle las agujas. No quise nunca decírselo a nadie para evitar que los celos incitaran a la violencia y a alguien se le ocurriera arrancármelo del brazo. Lo exhibía con orgullo. Por no ser una pieza llamativa o moderna, nadie me lo celebraba. Solo yo disfrutaba de aquel despliegue de tecnología misteriosa, de la firmeza de aquel artefacto fiel al tiempo que no se dejaba dominar por los caprichos del hombre. Nuestra relación en secreto debió haberse extendido por unos diez años. En una noche de octubre todo acabó. Mi reloj no se detuvo a las doce. Molesto, lo lancé a suelo con fuerza. Así y todo continuó funcionado. Decidí entonces encontrar la respuesta mostrándoselo a un relojero con experiencia. Sentí temor porque además era coleccionista de objetos de valor. Le conté lo que era capaz de hacer mi prenda. Le abrió las entrañas. Dos minutos transcurrieron para que descifrara el misterio. Sin mirarme a los ojos, lo colocó sobre el mostrador y me dijo: "Si desea continuar disfrutando del mismo hechizo a la llegada de los otoños y las primaveras, siga comprando las baterías baratas esas que ha comprado siempre. Estas duran un poco más". Aquellas palabras me enfriaban el alma. Abandoné el taller lentamente, totalmente decepcionado. Mi reloj no era nada excepcional. Encima de todo, las baterías que mencionaba habían dejado de fabricarse. Yo estaba dispuesto a detenerlo de cualquier manera si se atrevía a marcar un segundo más cuando no debía, aunque tuviera que usar un martillo. No iba a permitir que se comportara igual que los otros después de tanto tiempo.

Naples, USA

Un empleo de mucho espíritu

Lo primero que hizo el propio Saint Michel cuando llegamos al monte del mismo nombre fue revisarnos la cabeza para ver si teníamos un agujero. Quería cerciorarse que no éramos descendientes de la familia del obispo de Avranches, a quien a principios del siglo XIII, el propio San Miguel le perforara el cráneo con su pulgar por negarse a construir el monasterio fortaleza en el islote. "Entonces no fue una leyenda", me dije en silencio sin decir una palabra. Luego, nos llevó a una espaciosa sala. Nos ordenó sentarnos en el extremo de una larga mesa mientras él lo hacía por el otro. Revisó por unos minutos el currículum que le enviáramos un par de meses atrás, para conducir la entrevista de trabajo.

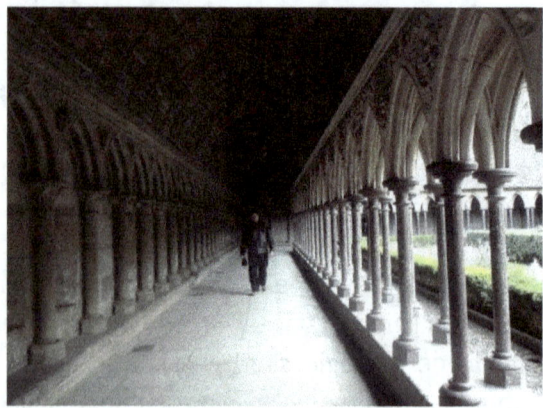

Se concentró en hacer preguntas esencialmente etéreas. Una y otra vez quería sentirse seguro de que nuestra fe fantasmal era real. No le gustó nuestro nombre, sin embargo. "Por favor, cualquier nombre menos Eduardo, ese chiquillo rey de Inglaterra que provocó la guerra que duró más de cien inviernos". ¿Cómo lo llamo entonces?...... "Zelegungo" le contestamos. Algo que sonara medio africano nos ayudaría en nuestro afán de ser aprobados. En definitiva, todos vinimos de África en un momento. La entrevista se extendió por dos horas. La pesquisa abarcó las detalles más mínimos. Se preocupó también si manteníamos relaciones con personas del norte vikingo y brutal. Era una gran ofensa y un reconocimiento a los saqueadores inescrupulosos del sitio en sus comienzos. Contestamos con firmeza. "Abajo el imperialismo vikingo," gritamos. Pareció convencido de nuestra posición. Lo último que el santo guerrero quiso le aclaráramos, era que si en verdad no le teníamos miedo al mundo etéreo, por qué entonces dormíamos con las luces encendidas. Vacilamos unos segundos en responderle. Improvisamos lo mejor que pudimos. " Las entidades mezquinas son muy traicioneras. Se aprovechan de la oscuridad. Hay que estar bien preparados para enfrentarlas. Me miró sonriente, complacido con mi actitud y mi aptitud. Procedió a colocar los documentos en un expediente. Se levantó y extendiendo sus brazos en la mesa se dirigió a mí una vez más: "Hemos concluido, está aprobado y de por vida. Aquí no se necesita un período de pruebas. Empieza hoy en el turno de la noche repartiendo agua y alimentos a los espíritus. Solo un requisito, priorice a los de casa siempre. Si sobra, entonces, a los demás"… ¿y si no? indagamos sudando frío por la frente y por la espalda, " Bueno pues le dice sin miedo que se vayan a quejar a instancias superiores. No se deje intimidar si le ponen cara de fantasmas iracundos". Contestó. No respondimos. Solo asentamos con nuestra cabeza mientras pensábamos: "Disculpe Ud., Arcángel, pero no vamos a buscarnos problemas con esta gente por falta de abastecimiento espectral. Capaz de que no nos dejen tranquilos ni una noche, apareciéndose molestos cada vez que se les antoje". Camino al cuarto que se nos asignara, notamos algo aún más preocupante: No había alumbrado eléctrico por ningún lugar. Leyendo en un muro los nombres de los anteriores guardianes caídos en su puesto de trabajo, entendíamos finalmente porque no era necesario un período de prueba antes de ser parte del personal del sagrado recinto.

Monte Saint Michel, Departamento de Manche, Normandía, Francia.

La historia de un proscrito

No recuerdo sus nombres, pero estoy seguro de que eran los mismos soldados que me persiguieron en la primavera de 1435. Los reconocí porque dos de ellos tenían una abolladura en sus armaduras por las pedradas que les había lanzado. No tenía espada y me veía forzado a defenderme como podía. Era muy difícil portar armas sin documentos en regla. No quise nunca llevar una de madera para no hacer evidente

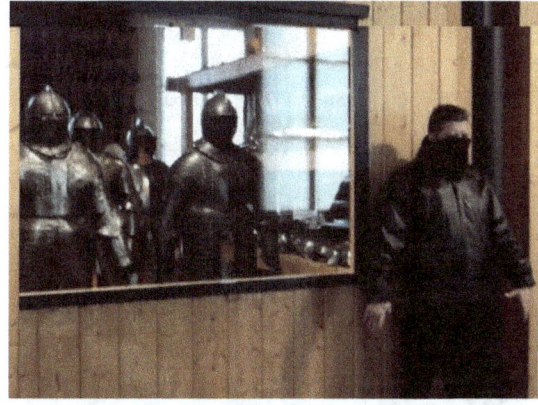

que no era un caballero. Fueron muchas las noches que tuve que dormir en descampado por las márgenes del Sena, comiendo lo que encontraba. El hambre me golpeó hasta tal extremo que un jabalí se quitó la vida enterrándose un colmillo para que yo pudiera comérmelo. Desafortunadamente el dueño me acusó falsamente de sacrificio ilegal de animales. A partir de ese momento no solo me buscaban los guardias, sino también los campesinos de la zona junto con la familia del jabalí. Alrededor de dos años estuve viviendo en esas condiciones; huyendo de un lugar a otro y trabajando en los sembrados sin decir una palabra para que no me descubrieran por el acento, hasta que una mañana de invierno, desesperado por terminar mis penurias, me presenté voluntario para pelear en la guerra de los cien años sin saber que esta ya había concluido. Inmediatamente. Me acusaron de belicista utópico. Me llevaron a un castillo donde casualmente el interrogador era uno de los soldados que me venían persiguiendo. Me identificó al instante por llevar la funda vacía. No tengo idea hacia donde me llevaron, pero me deportaron por ilegal, dejándome en un sitio bien al sur. Años mas tarde, me marché a la India con Colón, aunque terminé por equivocación (igual que él) en una isla del caribe, donde gracias a mi buena imaginación me reproduje por siglos. Mi vida mejoró con el paso del tiempo, pero hasta los días de hoy sigo siendo un ilegal. No logro saber de donde vengo, ni adonde voy y los malditos agentes me los sigo encontrando siempre por dondequiera, cuando menos me lo espero.

Museo de las Armas. Des Invalides, Paris.

Una tarde en Debod

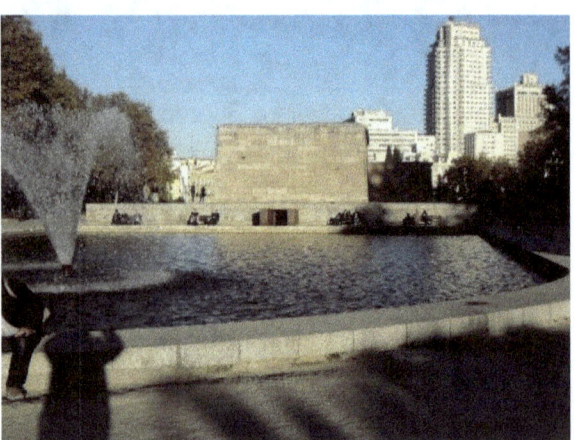

Jamás olvidaré la fuerte discusión que sostuve con mi sombra en los alrededores del apacible Templo de Debod. Al principio le dirigí la palabra de la forma más decente posible. No me respondía, aparentando no entender el idioma. "No pretendas hacerte la chinesca, negrura de paredes y suelos", le increpé. Nada cambió. Continuó en su pose. Fue cuando le grité varias veces hasta lograr ahuyentar a los concurrentes del hermoso parque. Luego la tomé por el cuello y zarandeándola le pregunté una vez más con extrema vehemencia, no sin antes cerciorarme que aún tenía mi testa corpórea sobre los hombros: ¿Dónde está mi cabeza?... ¿Dónde?... sombra decapitada. ¿Qué te propones?, ¿Hacerle creer a la gente que me pasaron por la guillotina? Fue suficiente para que las pocas personas que todavía contemplaban asombradas la inusual escena, se marcharan aterrorizadas. Mientras corrían, gritaban a todo pecho: "Auxilio, auxilio, hay un hombre en Debod que va a matar a su sombra, ayuden, por favor, quítenle la luz". Al darme cuenta de que poco a poco iba adquiriendo un color tenebroso, retiré mis manos para evitar que se asfixiara. Acto seguido, le advertí que no quería verla más ni en la pared ni en el suelo. Con lo que estaba viendo, no me hacía falta que me hiciera más sombra. Lo acontecido me obligaba a no creer en nadie, ni siquiera en ella. Pocos minutos más tarde, llegó la policia. Muchos curiosos se aglomeraron deseando verme partir esposado en un auto patrullero, pero se quedaron con las ganas. Tuvieron que dejarme ir. No fueron capaces de encontrar ni una prueba. Previendo lo que me venía encima, me había quitado ya delante del sol y nunca pudieron dar con mi atrevida penumbra.

Parque de Debod. Madrid.

Portuondo

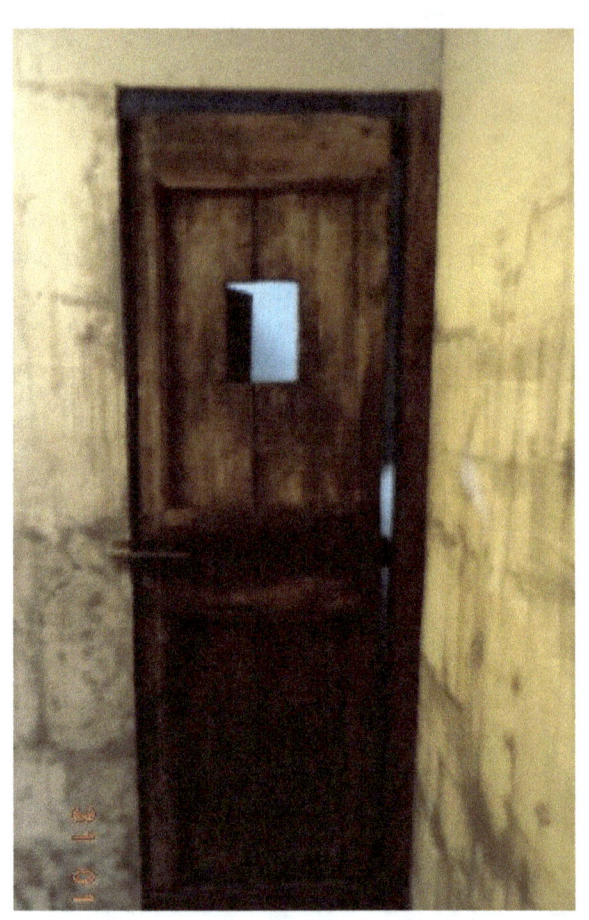

Desde el día que se cogió un dedo con la puerta, se dio cuenta de que en abrir y cerrar puertas estaba su futuro. No fueron pocas las uñas que perdió voluntariamente para demostrar su vocación. Se inició en un humilde portal. Varias puertas se le cerraron. Otras se le abrieron. Con esfuerzo y dedicación fue promovido a un portón colonial. De ahí a un grupo de accesos traseros hasta entrar por la puerta ancha y considerársele apto para colocarse delante de cualquier entrada. Sus investigaciones sobre la importancia de usar la segunda falange de los dedos en las agarraderas, contribuyó grandemente a la prevención de la puertaosporosis. Esto le abrió las puertas en las ciencias, aunque el mismo las cerró por modestia, afirmando que la profesión no tenía ninguna ciencia. Nos pasaríamos horas abriendo y cerrando las bisagras del extenso resumé en forma de poterna, cuidadosamente preparado por Portuondo. Somos muy afortunados de tenerlo entre nosotros. Podemos darnos un portazo en el pecho de vivir en su tiempo. Ahora solo queremos darle la oportunidad, para que clausure las puertas que aún quedan abiertas con todos Uds. dentro, en el cielo o en el infierno.

Modestia

Se me olvidó el nombre de aquel soldado de Babilonia, el que tenía una cicatriz en el hombro izquierdo. Uno bajito él, de pelo crespo. Ahh caramba, el que usaba un casco y una lanza gris con un escudo carmelitoso. Concho, el que siempre formaba en la duodécima fila, como por el medio, siempre al lado del gordo Abi, uno jodedor él. Creo que era algo como Shakad, Shaded o algo así. Coño, eran más de cien mil guerreros babilonios, más los miles de Asirios, las decenas de miles de Hititas, los miles de Israelitas, los cientos de miles egipcios. Súmale a eso, medio millón de Griegos, las tropas de Alejandro Magno, los Etruscos, las Legiones Romanas, los Lombardos, los Hunos, los Godos, los Visigodos, los Celtas, los Sajones...

vaya, que no va a pasar nada porque se me haya olvidado un nombre, ¿no?

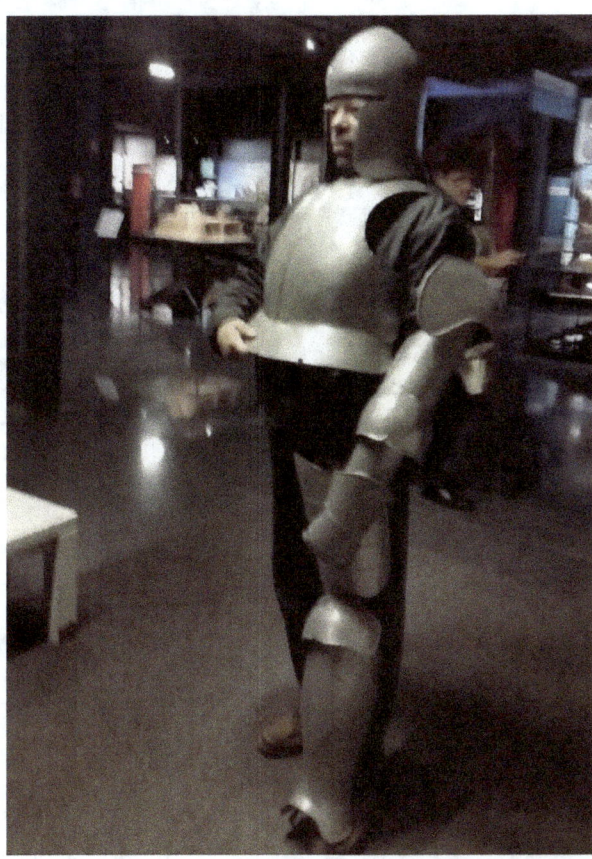

Museo de Historia de Barcelona, Palau de Mar/Barcelona/España.

Laurant

Al principio se negó. Laurant no era de los hombres que cambiaba de parecer por cualquier cosa. El asunto le parecía grotesco. Con los años se había consagrado a la religión, arrepentido de su pasado. Hacer lo que le pedían atentaba contra su fe. El propio doctor Fragonard tuvo que con conversar con él, en varias largas sesiones. Lo trataba de convencer con las mismas preguntas: ¿Qué más te da, Laurant, que te diseque y sirvas para que la ciencia te estudie en siglos por venir? ¿Acaso no te daría orgullo postmortem que gracias a eso se descubrirían nuevas formas de tratar enfermedades incurables? Yo sé que

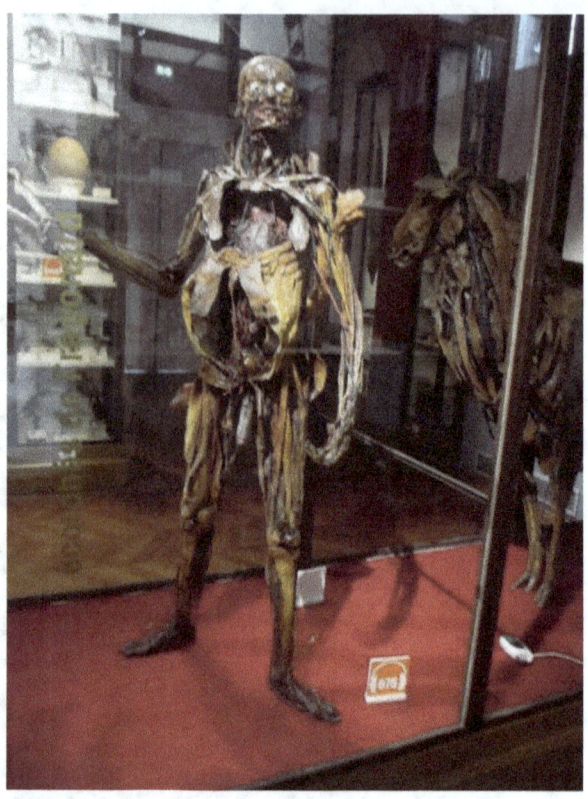

disfrutas mucho la privacidad, pero ¿Para qué te serviría podrirte en un ataúd? Terminando la sesión, el científico se levantaba de su asiento y casi sin despedirse le decía siempre la misma frase: "Piénsalo bien Laurant, te verán millones y por miles de años." Las palabras del galeno fueron acomodándose poco a poco en la mente del condenado a muerte, hasta que finalmente un día, llegó a una conclusión. Si se había pasado la vida exhibiendo sus genitales en público a todos, porque no seguirlo haciendo ahora por siempre. Lo haría por el bien de la humanidad, al mismo tiempo que mostraba un claro remordimiento. Sonrió entonces, contento de poder tomar una decisión con la que se sentía plenamente complacido. Mandó a buscar inmediatamente al señor Fragonard para comunicarle su nueva determinación. Se dejaría hacer todo lo que quisieran. Solo pediría una cosa. Que le tatuaran por dentro del prepucio una frase en latín donde se leyera: "A mí, la pinga".

Museo de Anatomía. Paris.

Leyenda cerda (3)

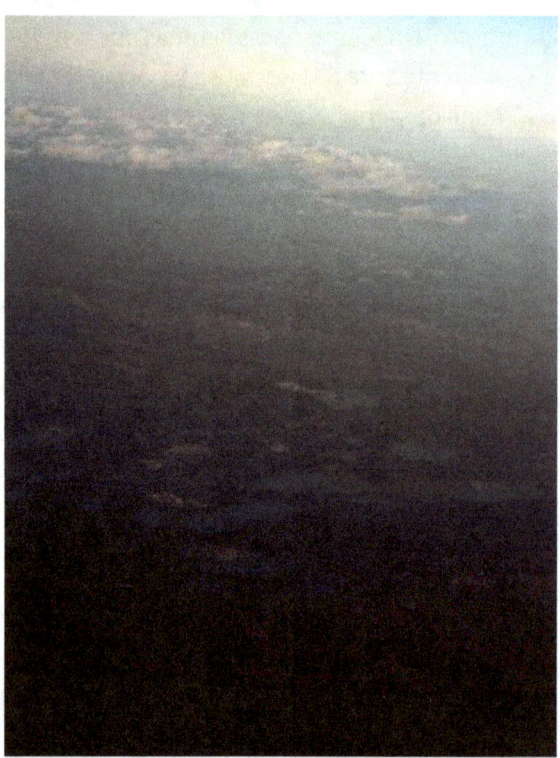

¡Neña! le gritaba siempre el labrador a su inteligente mascota. Juntos recorrían la isla deshabitada, a la que habían llegado tras un naufragio. Alimentos nunca le faltaron. El campesino se las ingeniaba para cosechar plantas que aunque no muy apetitosas, les servían para sobrevivir. Solo existía un problema. Neña sabía bien que su dueño no era vegetariano. No ingerir carne en tantas semanas le había cambiado el carácter y la forma de ser. Solía mirarla a menudo como se mira a una cochinilla asada. Neña sentía que sus días estaban contados. Se lo hizo saber. "Sé que me quieres comer. No tengas pena. Cuando no puedas más, ásame", le dijo en una ocasión. Al rudo hombre se le aguó la boca de solo pensarlo. Sucedió todo en una noche. Él se quedó dormido primero tras emborracharse con un vino que preparaba a base de hierbas que encontraba en la isla. Neña estaba también borracha pero despierta. Se acercó a olerlo. No le desagradó. En su éxtasis de puerca embriagada le dio una mordida en la cabeza. Al ver que su dueño no se movía, continuó mordiéndolo hasta que empezó a comérselo. Él se despertó de pronto y también comenzó a comérsela viva. A la mañana siguiente solo quedaban unos cuantos huesos de ambos, el hocico de la cerdita, sus patas y la piel de su torso donde tenía tatuado su nombre: "Neña". Semanas más tarde, arribaba a la isla una decena de exploradores. con la intención de poblarla. El hombre al mando del grupo, se emocionó al contemplar el pedazo de piel de cochino con el nombre inscripto. Levantó sus manos con el trozo de cerdo y gritó para que el eco lo repitiera: "Cerdeña, te llamarás Cerdeña". Así surgió Cerdeña, con un recorte de piel de cerdo con el que habrían podido hacer chicharrón pero nunca lo supieron.

Sobrevolando la isla de Cerdeña.

Infomercia:

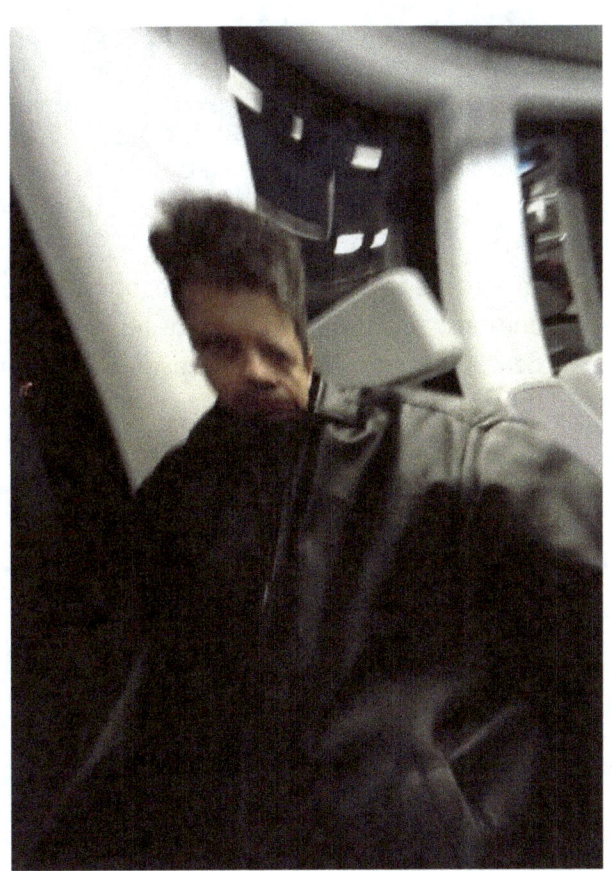

Te informo a través de la presente y excluyendo una posible futura, que con el dolor más profundo, me estoy separando de ti. No tengo que explicarte cuanto te quiero, cuanto siento por ti. Tú lo sabes muy bien. No hubo nada que me pidieras que no hiciera. Con tal de que no me dejaras, me inyecté cien libras de grasa desde el tórax hasta el coxis. Me dejé crecer el pelo verticalmente y me hundí la cabeza en el cuello para que pudieras llamarme Jicoteo con razón. Infomercia, así ninguna mujer se iba a fijar en mí otra vez. Sin embargo, tus incontrolables celos se impusieron y en tu afán de dominarme quisiste también que me sometiera a una cirugía de lengua, que me la estirara lo suficiente para podérmela meter literalmente donde no me diera el sol cuando no quisieras que yo hablara más, incluso después que te explicara que dentro de mi boca cerrada tampoco daba el sol. Ahora entiendo por qué me pedías tanto que me pusiera los cachetes transparentes. Que te vaya bien, Infomercia. Ojalá sepas apreciar un día lo anormal que hoy luzco por ti. ¿Y sabes una cosa? No me arrepiento. Te dejo esta foto de recuerdo y tus dos manos, las que te amputaste, con tal de tenerlas injertadas entre mis piernas y tenerme agarrado por los huevos el día entero.

Close encounter

Fue el encuentro más cercano que haya podido tener con un OVNI. No hubo trucos ni montajes Lo captó mi lente, limpiamente. Aparecía todas las tardes a la hora en que me disponía a tomar fotos. Cubría un área bastante extensa. Exhibiendo una peculiar simetría, dejaba ver dos partes de su estructura. Quizás la cabina de mandos y el comienzo de la nave central de operaciones. Tenía que ser inmenso. Siempre mostraba aquel color rojo en varias tonalidades. Lo sentía muy cerca de mí. Un día me llené de valor. Retiré la cámara bruscamente para encontrarme frente a frente con el asiduo visitante espacial. Ahí estaba. Inmóvil y silencioso. Lo observé detenidamente por un minuto. Quise cerciorarme de que era un dedo índice. Si lo era, querría entonces que fuera el mío. Nunca reporté el hecho. Nadie lo habría creído. Me estuvieran señalando todavía con sus índices, diciendo que yo escondía algo en mi historia y que algún día se sabría la verdad.

AU NATURALE

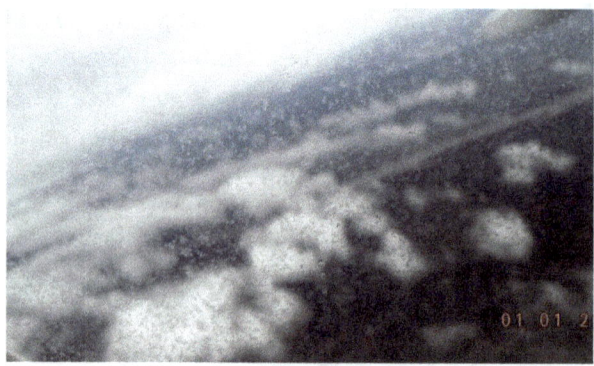

En el gran teatro de la atmósfera se reunieron los principales fenómenos meteorológicos. Terremotos, Tsunamis, Trombas Marinas, Tifones, Tornados y Huracanes colmaron el espacio. La actividad se inició con una gala artística a cargo del grupo danzario Olas de Calor y Frío, ejecutando una coreografía en perfecto movimiento telúrico que logró mover a todo el ambiente. Luego le siguió el dúo Sequía e Inundación con una memorable interpretación de temas áridos y barrosos. Erosión leyó su destructivo poema "Deterioro" arrancando sollozos nocivos entre los asistentes. Las palabras del cierre estuvieron a cargo de Naturalezo del Valle, quien impetuosamente levantó el ánimo y la moral de los fenómenos presentes, al anunciar la formación de un frente único llamado "5 T H" que quedaría integrado por Tsunamis, Terremotos, Tornados, Trombas Marinas y Huracanes de mayor intensidad, para combatir y erradicar la pobreza de una vez y por todas, aniquilando a todos los pobres de la tierra en ataques sorpresivos a sus, pueblos, aldeas y naciones.

IMUKU

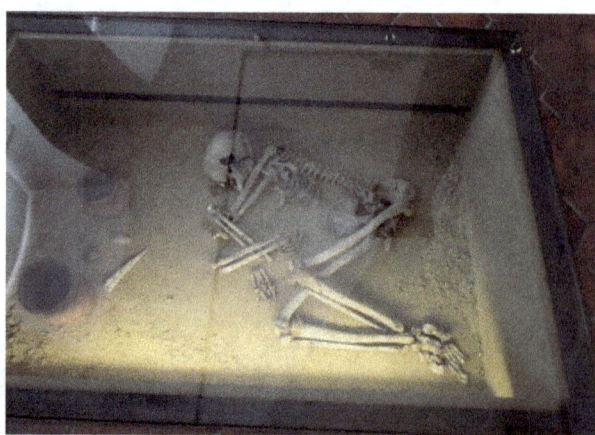

Imuku se interesó siempre en la historia. Quería narrar lo que acontecía, pero no sabía que eso era la historia hasta que se lo dijeron. Le gustó la idea de convertirse en un historiador. Tampoco sabía que los que relataban la historia eran los historiadores. Los demás tampoco lo sabían porque nadie se había interesado. Solo le advirtieron que tendría mucho que contar. Le gustó la idea. Quería contar mucho. La propia historia lo complicó. Llegó a una edad avanzada, bastante avanzada. Era un anciano. Estaba listo para la otra vida. El lo estaba. Los dioses no. Deidaes y dioses de todas las religiones y culturas acordaban por unanimidad, extenderle la vida indefinidamente, para que siguiera contando la historia sin que otro después la cambiara o adaptara a sus intereses. Pasaron siglos, milenios, otro siglos y más milenios y la historia continuaba sin detenerse. Imuku ya no podía más. Agobiado de tanto trabajo ininterrumpido se acostó en una tumba ancestral y se quedó dormido como un fósil hasta que lo encontraran 300 años después. "Mal agradecido" le repetían los todopoderosos frecuentemente Con tanta gente queriendo vivir más e Imuku desaprovechaba la oportunidad. " Quisiste narrar la historia y te concedimos el deseo. Te contratamos y te dimos vida de por vida". Desde el fondo del suelo arenoso donde descansaba Imuku, le respondía a los dioses por única vez:..."Si, carajo, pero nadie me dijo que esta era la historia de nunca acabar. Es el cuento de la buena Pipa y me lo hicieron a mí". Diciendo esto, volvió a su confortable posición de reliquia museable, haciéndose el muerto, curioso por enterarse quien sería a partir de entonces el que ocuparía su puesto.

Museo de Arqueología/ Strasbourg/ Grand Est/ Francia

Matiosos

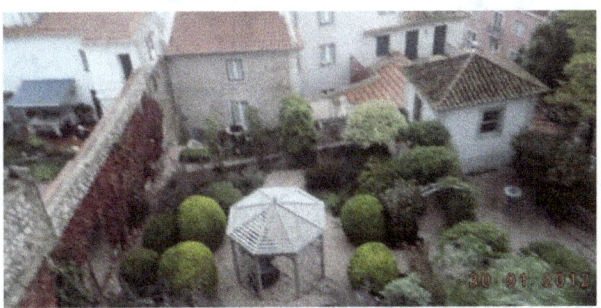

Nunca me creí el cuento de que el país entero era territorio libre de obesidad floral. Me pasearon por todas las avenidas con árboles sembrados. Me llevaron a los campos, a los bosques, a las praderas y zonas montañosas. La vegetación parecía haber sido instruida en cómo comportarse durante mi visita. A un arbusto se le cayó un gajo cuando pasaba cerca e inmediatamente lo arrancaron de raíz. Yo estaba casi convencido de que en realidad no iba a encontrar ni una mata gorda. Un día antes de terminar el informe que debía presentar en la organización mundial contra pastos obesos, decidí darme una vuelta solo por las calles cuando los funcionarios que me atendían estaban reunidos. Desde un muro, pude percatarme de un patio gubernamental donde tenían recluidas a varias plantas con sobrepeso. Mi foto hablaba por sí misma. Las autoridades alegaron que era falsa, que yo había hecho un montaje usando un lente de anchura ideológica, término que escuchaba por primera vez. Me declararon hierba mala y me expulsaron del país. Gracias que pude tragarme la foto, para luego revelarla en un proceso de fotosíntesis personal. Con ella traté de convencer a los directivos de la organización sobre las reiteradas violaciones de derechos vegetales persistentes en algunas naciones. No me hicieron mucho caso. Su respuesta fue irse por las ramas, como de costumbre. "Algo le deben saber a estos que no se atreven a sacudir la mata" me dije mientras me alejaba del edificio, pisando el césped con toda intención.

Alfama/Lisboa/ Portugal.

En el jardín

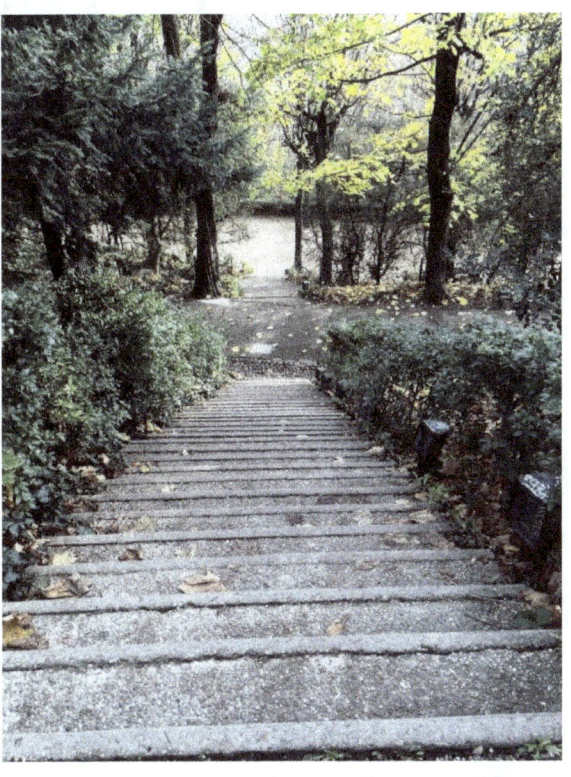

Desde el cuarto o quinto escalón fui notando lo que había escuchado decir a muchos. Una sensación completamente distinta. Lejos de ahuyentarme, me motivaba a bajar los peldaños agitadamente. Una vez en la vereda, los inmensos árboles en casi absoluta quietud. Solo dos o tres susurraban algo de vez en cuando, haciendo mover las hojas. A lo lejos diviso a una joven caminando hacia donde yo estaba. Se detiene delante mí. Me mira por un par de segundos. Me pregunta si noto que la vibra del lugar es otra cosa. Le respondo que sí. Un lugar perfecto para asesinar a alguien me dice. Probablemente, le respondo. Sin ningún motivo, me pide que la asesine. Me niego. Nunca he matado a alguien, le digo. Insiste en que me anime a hacerlo. Confundido y sin saber lo que estaba diciendo le invito a que sea ella quien me asesine. "No es justo que en un parque donde deben aparecer mujeres aniquiladas, encuentren a un hombre muerto", me dice. Le doy la razón. Inmediatamente me disculpo por no quererla matar. Nadie quiere hacerlo ya sin una razón. Es ella quien entonces me da la razón. Luego de una media hora nos cansamos de estar discutiendo lo mismo. No sentamos en uno de los bancos a descansar. Proseguimos la charla sin cambiar de tema. Las horas pasaron sin darnos cuenta. Debimos haber estado ahí por tres o cuatro horas sin ponernos de acuerdo. La joven suspira profundamente, se pone de pie y comienza a alejarse. Apenas se despide. Se ve decepcionada. Me quedo unos minutos inmóvil. Ahora son dos agentes de la policía que parecen venir hacia donde estoy. Presiento que han sospechado algo. No me faltan deseos de marcharme antes que lleguen. Me calmo. No puedo descubrirme como asesino sin haberle quitado la vida a la muchacha. Pasan por mi lado sin detenerse. Solo escucho cuando uno le dice al otro: "Que mala suerte la de esa dama, para que nadie quiera enviarla de una vez al más allá"......... "Mala suerte la de nosotros. Nos van a botar de la policía si no encontramos a una mujer muerta aquí pronto" agrega el segundo oficial. Creo haber volado sobre aquella escalera para salir del sitio. ¿Cómo se me habría ocurrido llegarme hasta aquí sabiendo de todas las cosas extrañas de que se hablaba donde quiera. Me fui a casa lo más rápido que pude. Bajé a la estación del metro más cercana. Una vez en el tren, respiré aliviado. Al salir a la calle nuevamente, me vi en una pantalla gigante, de esas que usan para anuncios..." Cuídese de los hombres que no quieren matar" decía el cintillo, al que una multitud apenas le prestaba atención..." quizás debí pensarlo mejor", murmuré en voz baja. "Ahora la gente sabrá quién soy de verdad". Continué mis pasos, mirando al suelo, evitando pisar los separadores de la acera.

Jardines en la Colina de Fourvier. Lyon. Francia.

Acción

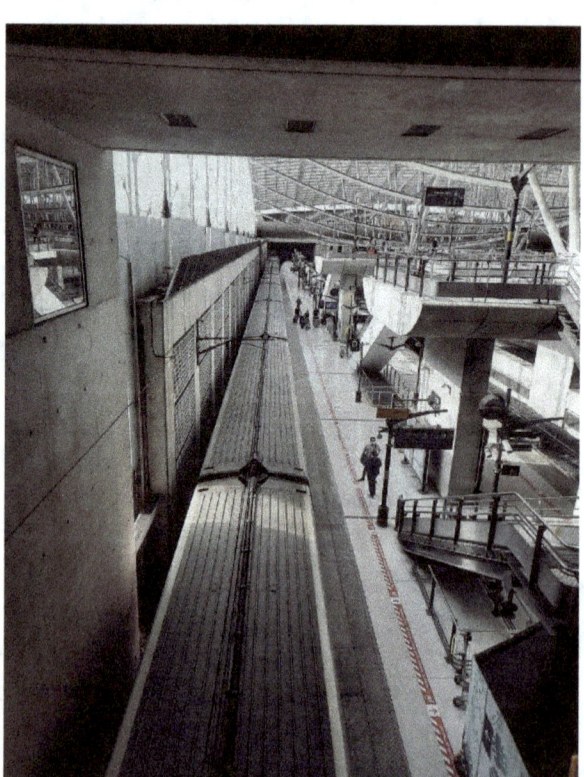

Llevaba tiempo queriendo hacer una escena de acción sobre el techo de un tren en marcha. No podía estar esperando por los camarógrafos y sus cámaras, por el director y sus asistentes, por el operador de audio y sus ayudantes, por la maquillista y su camerino, por el guionista y los coguionistas, por el director de efectos especiales y su staff, por la vestuarista y su equipo, por el musicalizador y su estudio, por el doble o los dobles. En resumen, no había nadie para el rodaje. Solo yo. Al final me lancé sobre el tren. Corrí sobre los coches. Salté de uno en otro varias veces representando mi personaje y haciendo del doble de mi personaje también. Regresé al punto de partida. Me habría marchado si no es por el público que ya se aglomeraba. No tendría a nadie para la realización del "shot", pero al menos tenía público. Repetí la acción, ahora con más ímpetu, más histrionismo y más esperanza que alguien me siguiera en la carrera con una pistola, dispuesto a enfrentársele y lograr una verdadera toma para la historia en filmes de este corte. Nadie se atrevió. A lo mejor sí se atrevió alguien. Se enteró que el pago no era seguro, quizás o escuchó al público quejándose de que la película era un bluff, exigiendo que le devolvieran el dinero. Siempre hay alguien más listo. Uno improvisando, arriesgándose e imaginándoselo todo en una locación fortuita, mientras otro lograba venderle la entrada a la gente para un supuesto éxito de taquilla en vivo.

Estación de Ferrocarril/ Aeropuerto Charles de Gaulle (CDG) Paris.

Dulce

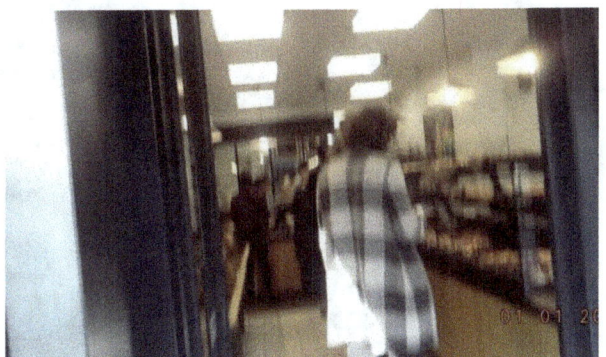

Andaba algo perdido por las calles de Burdeos, tratando de encontrar la famosa dulcería "Lamour."

Caminado en dirección contraria a la mía, me tropiezo con una joven de alta estatura. Me explica cómo llegar. Nota una cámara en mis manos. Me pregunta si iba a retratar dulces. Me sorprende su perspicacia. Le digo que sí. Cambia de ruta y me acompaña sin yo pedírselo. Tomo la iniciativa de empezar la conversación. En mala hora le halago su abrigo de cuadros. Me hace la historia completa de como convirtió una colcha guardada sin usar por años, en la prenda que llevaba puesta. Su vestimenta favorita. La que mejor la identificaba, me comentó. Por suerte llegamos al lugar en unos diez minutos. Un rato más hablándome de colchas, hubiera sido suficiente para arrancarle todas las felpas de su lengua. Ya en la "patisserie", me dispongo a tomar las fotos. La mujer se interpone en cada momento. Cinco o seis instantáneas con ella delante. Molesto, alzo mi tono de voz para llamar la atención, Nadie se inmuta. Guardo mi equipo. Ella me da las gracias y se marcha. Perplejo, me acerco a uno de los dependientes para indagar si la conocía. Asienta con la cabeza. Desde el fondo del establecimiento, otro empleado me contesta: "Se llama Dulce, Dulce de Colcha. Es la mascota de la tienda".

Maison Lamour/157 Rue Judaique/ Bordeaux

Deserción inesperada

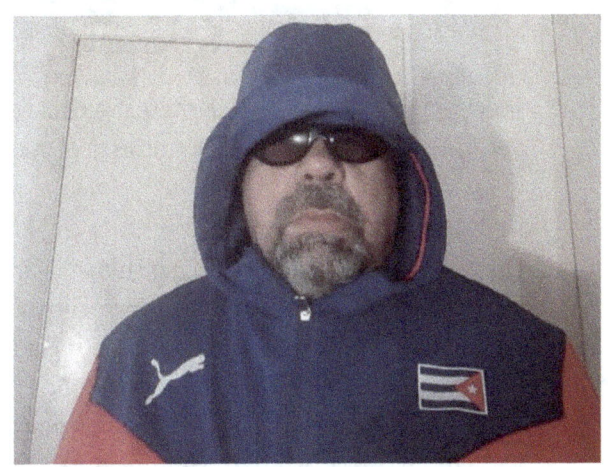

Atleta del año. Campeón nacional. Campeón olímpico, panamericano y centroamericano. Campeón de los Juegos Bolivarianos. Campeón de las Espartaqueadas. Medallista de oro en Juegos Panafricanos y Asiáticos. Maestro Emérito del deporte firma contrato de por vida con el equipo nacional de ajedrez de Haití sin haber visto un tablero en su vida.

Estimados cristianos:

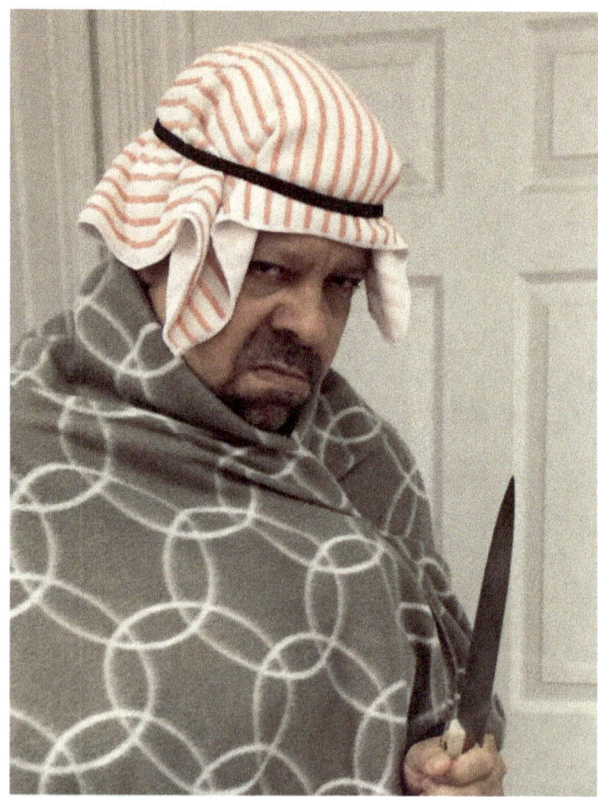

Precisamente hoy 24 de diciembre, he decidido convertirme en uno de Uds.... ¿Dónde está el puerco?

Louvle

No pasaba un mediodía que Chin Huá le dijera a sus compañeros de trabajo en la aldea arrocera que quería visitar un día al Louvle. Louvre, le corregían todos, recordándole una y otra vez que no era una palabra en chino. Hastiados de oírle decir lo mismo cada día y a la misma hora, acordaron entonces hacer una recaudación para costearle los gastos de un paquete turístico a Paris. Dos meses después Chin Huá se montaba en un avión con destino a la capital francesa. Iba por fin a visitar el Louvle junto con 250 compatriotas más dentro de un grupo. Ni la torre Eiffel, ni los Campos Elíseos, ni el Arco del Triunfo le interesaron. Solamente esperaba la mañana en que iría al famoso museo. Le advirtieron que sería un recorrido largo, de una tres horas más o menos. Dormía escasamente un par de horas la víspera. Pudo apenas terminar una sala cuando llegó. Demasiada información y todo del mundo occidental. Hubo alarma en el momento que notaron que Chin Huá no estaba presente. La guía casi llama a la embajada. Un miembro del grupo lo encontraba tomándose una siesta en el lobby. La foto fue vista en su aldea gracias a Tik tok. Los vecinos montaban en cólera. Ver que luego de tanto sacrificio, Chin Huá se había ido a dormir al Louvre. Le pidieron explicaciones a su regreso. Les respondió asegurándoles que era una malinterpretación de lo que habían visto. Estaba posando como modelo para una campaña contra el insomnio. ¿A quién vas a engañar con semejante fábula? le repostaron los aldeanos. "No es una fábula", contestó Chin Huá y terminó diciendo: " Es un proverbio que quería inventar hace rato y dice" ... No hay que ir tan lejos pa' quedarse dormido." Los moradores se miraron unos a los otros asentando con sus cabezas. Uno de los más ancianos afirmaba en voz alta: "Chin Huá tiene razón. El Louvle está muy lejos".

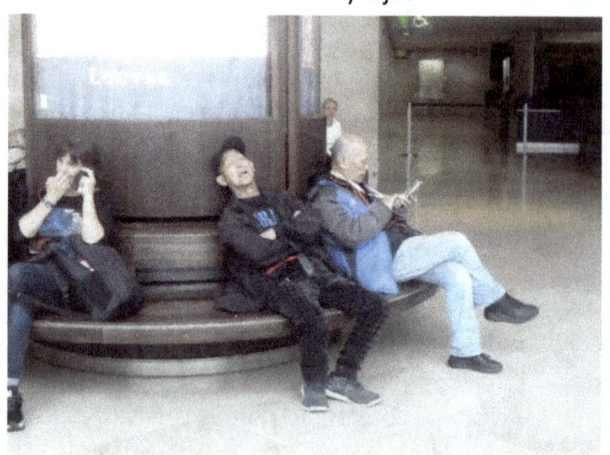

Museo del Louvre. Paris

Timidez Medieval

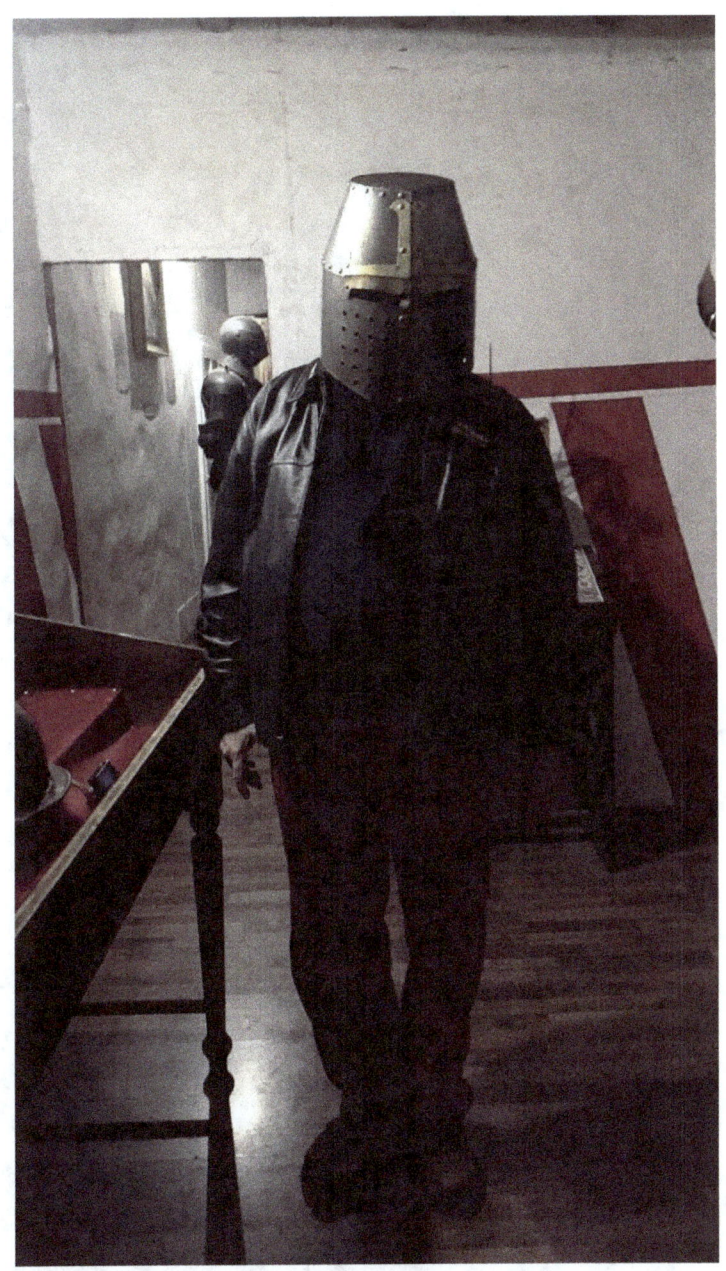

Monteriggioni/Toscana/ Italia

Autodeportación

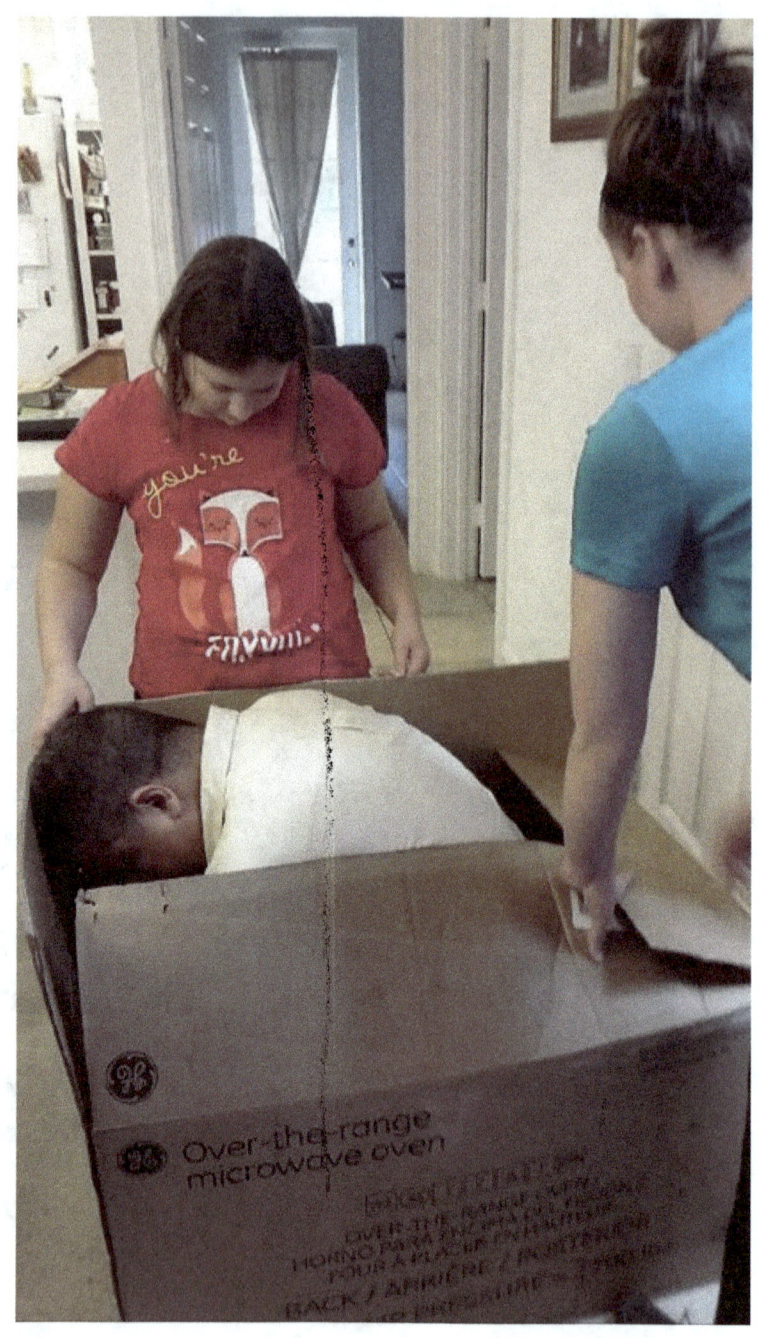

Momianitud

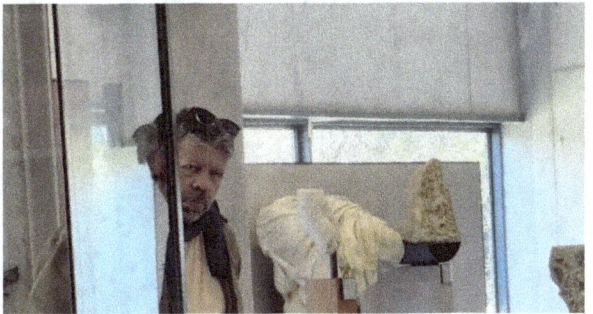

Al escuchar lo que decían tuve que huir, tuve que esconderme. Discutían que si en la sala del Neolítico, que si en la Edad de Hierro o en la de Bronce, que si cuando los Romanos. No se ponían de acuerdo en lo que querían. Yo sabía que era muy solicitado, muy museable, pero no estaba dispuesto a que me disecaran a su antojo para rellenar espacios, después que les había dicho bien claro que si no era para momia no me interesaba.

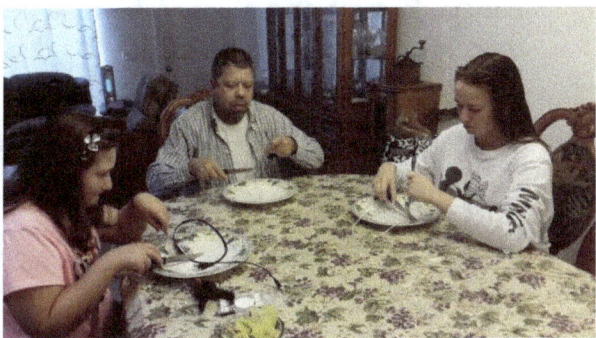

En casa celebramos siempre el Día de la Abundancia, comiéndonos un cable.

"Piano mocho"

Por ahí se acerca el primer tonto de la mañana. No importa si sabe que es un clavicordio o un clavicénvalo porque para él y otros como él, soy un piano y un piano viejo porque me faltan algunas teclas. Me he cansado de pedirles que me las arreglen o que al menos me las maquillen, pero no lo hacen. Así como estoy soy más museable, me dicen. Hace unos días

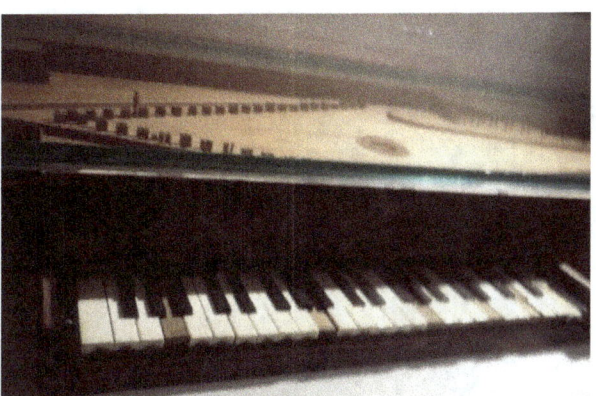

casi me expulsan del museo después que le magullé los dedos a un intruso que intentó tocar "Los paticos" conmigo. Muchas horas de grandes conciertos y muchos buenos músicos con los que compartí en mi juventud para que ahora un ignorante venga a manosearme. Si no es un comentario burlón, es una exclamación aberrante, pero siempre sucede algo desagradable. Es el precio que tengo que pagar por vivir en este lugar. Cierto que es mejor que haber servido de leña, una cremación no es un acto muy digno para un instrumento de mi clase. Sin embargo, también conozco a algunos que han corrido con mejor suerte. Tengo un primo mío que lleva tres siglos en una iglesia. Lo atienden como un rey y lo tocan todos los días. Mira que me insistió desde el principio para que me convirtiera en un órgano igual que él. No le hice caso por mujeriego. A mí me preferían bellas señoritas y distinguidas damas de las cortes en vez de circunspectos y serios músicos, a gusto con sonidos tan formales. Ahora mi pariente y otros conocidos siguen disfrutando la música mientras se siguen sintiendo jóvenes y útiles mientras yo tengo que seguir encerrado en este asilo de instrumentos, esperando quizás que me tomen una foto que guardarán en un álbum que apenas mirarán y si lo hacen sería para decir: "Se acuerdan de este...... de piano mocho, el viejo al que le faltaba la cola?"

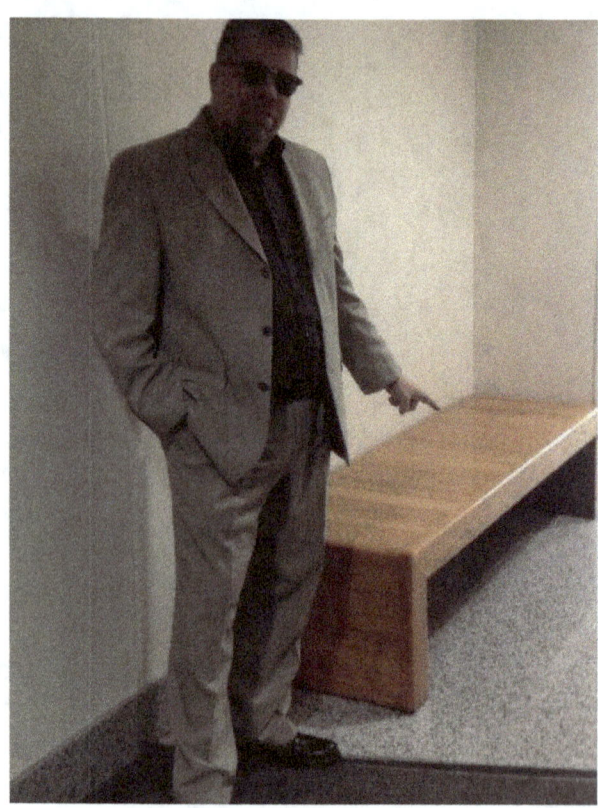

Definitivamente este es un país de oportunidades donde se llega sin nada, pero con mucho esfuerzo, puede lograr su sueño de convertirse en propietario de un banco.

GULA SIDERAL

Fueron largos meses tratando de comprender a que venía el OVNI que se acercaba al patio de mi casa todas las noches. Usando lo mejor de mi semiótica, le daba a entender que estaba listo para la abducción. Le mostraba una bolsa con mi cepillo de dientes, un par de botas todoterreno y me paraba en atención. No pareció ser su objetivo. Más tarde construí una pista sobre mi cabeza para facilitarle el descenso. Como de costumbre, no se movía hasta minutos antes del amanecer. Con tal de que se marchara y me dejara dormir, yo habría hecho cualquier cosa. Eso mismo hice. Le ofrecí un pedazo de galleta de manteca. Inmediatamente me lo arrebató de la mano. Segundos después se perdía a alta velocidad entre las estrellas. Entendí que mi misión sería alimentarlo. La

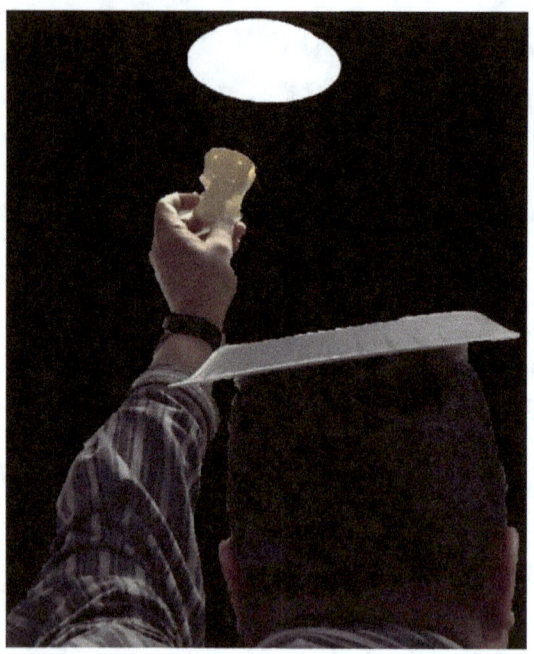

de él: merendar gratis. No ha dejado de visitarme. Tampoco ha dejado de llevarse el pedazo de galleta que siempre le ofrezco. Deseoso de quitar me lo de encima, lo complazco al instante. Se ha acostumbrado. No sé que me voy a hacer el día que se me acaben las galletas. Yo no cocino pa' nadie.

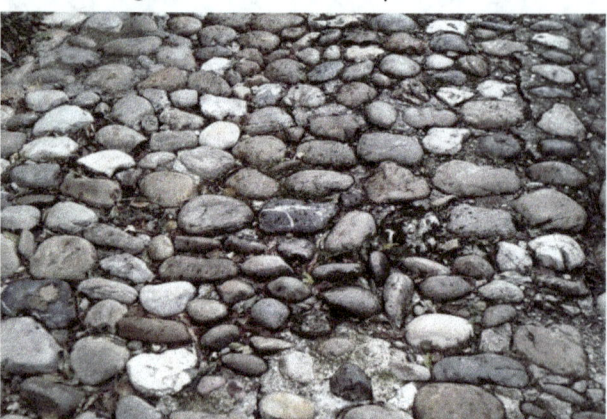

Calizas impías Sois pecadoras. Por vuestra culpa. calzados pierden tacones. Por vuestra culpa resbalan mortales. Por vuestra culpa cristales se rajan. Por vuestra culpa cabezas se rompen.........La que se sienta libre de pecados....... que lance la primera piedra.

Tronco de guanajo

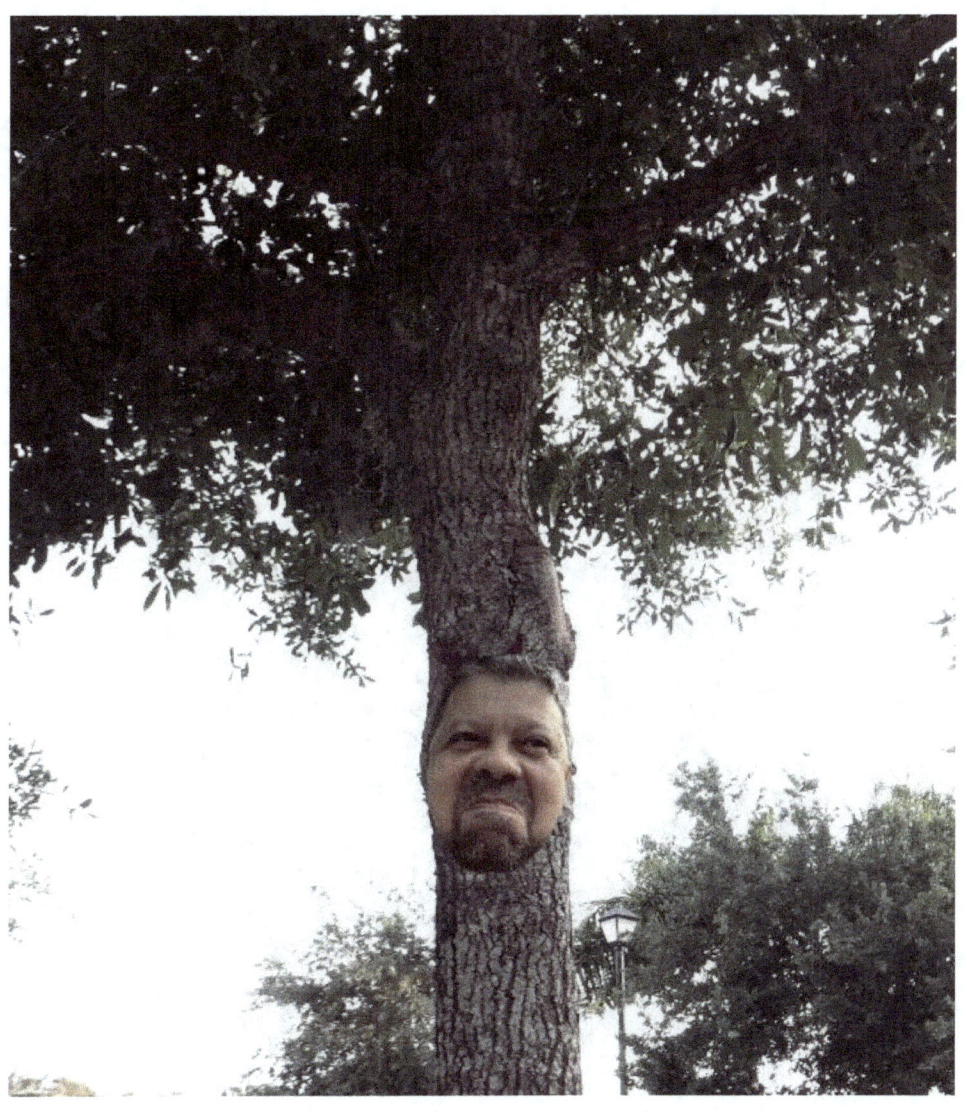

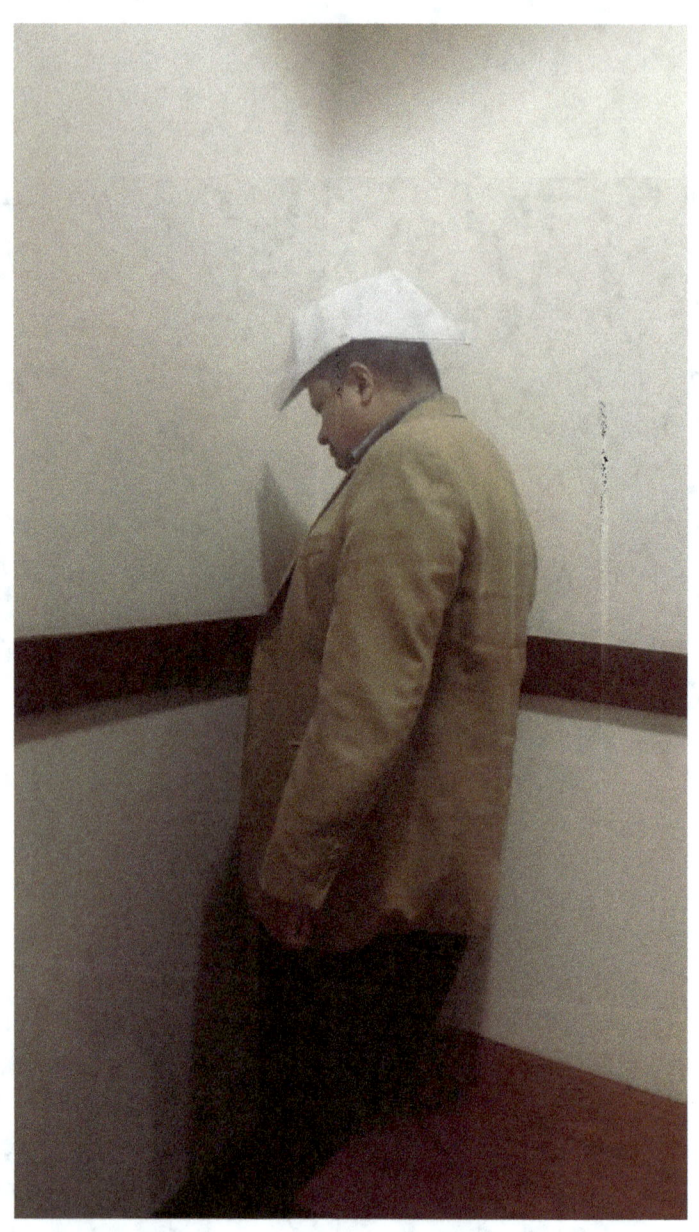

Cuando la maestra de 4to grado te pone de penitencia, pero se le olvida y pasa el tiempo.

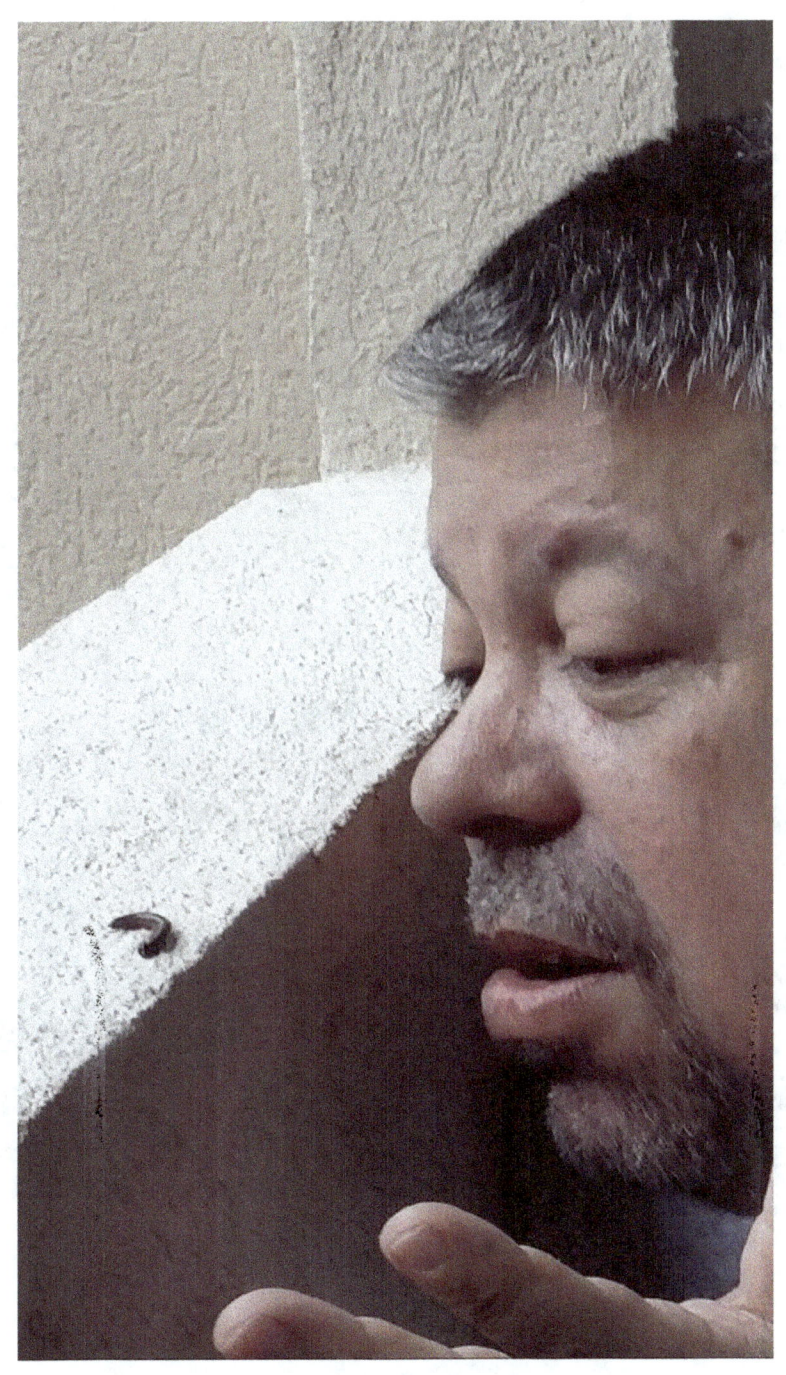

Gusaneando con mi mascota

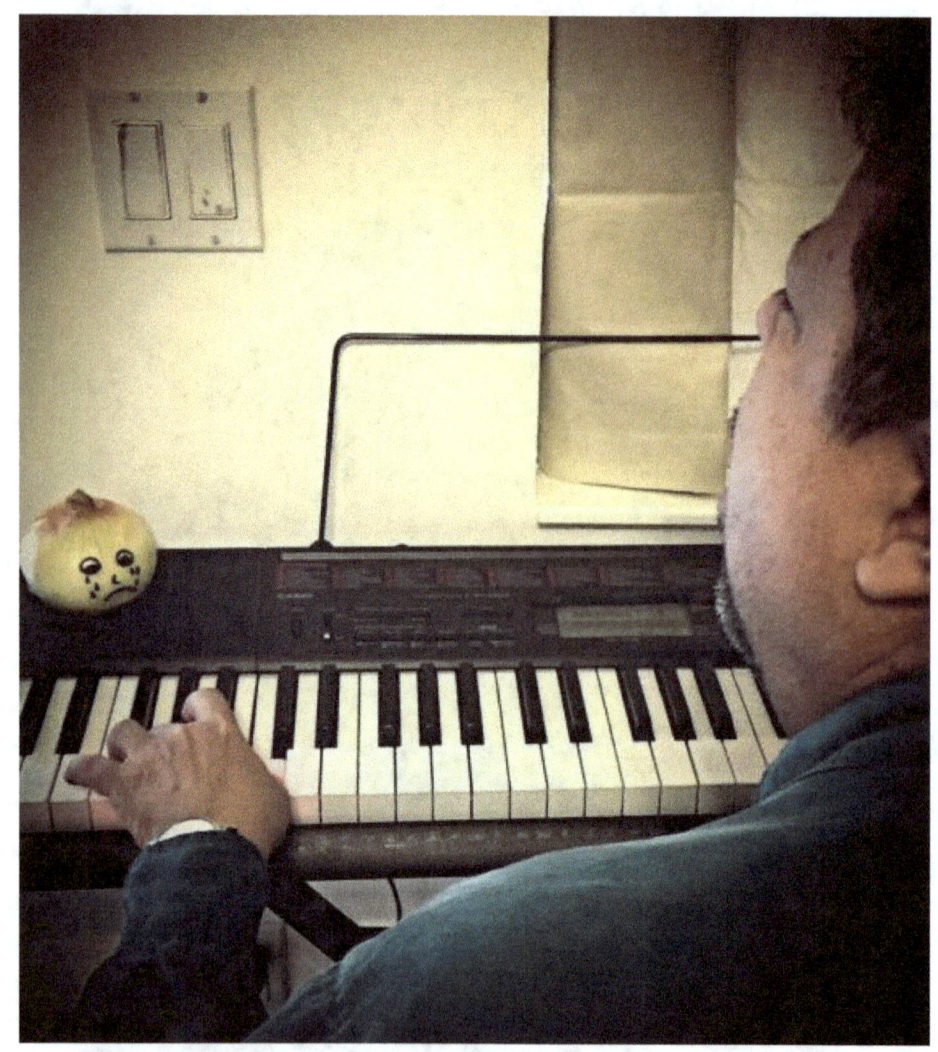

Son tan tristes las melodías que interpreto que hacen llorar hasta una cebolla.

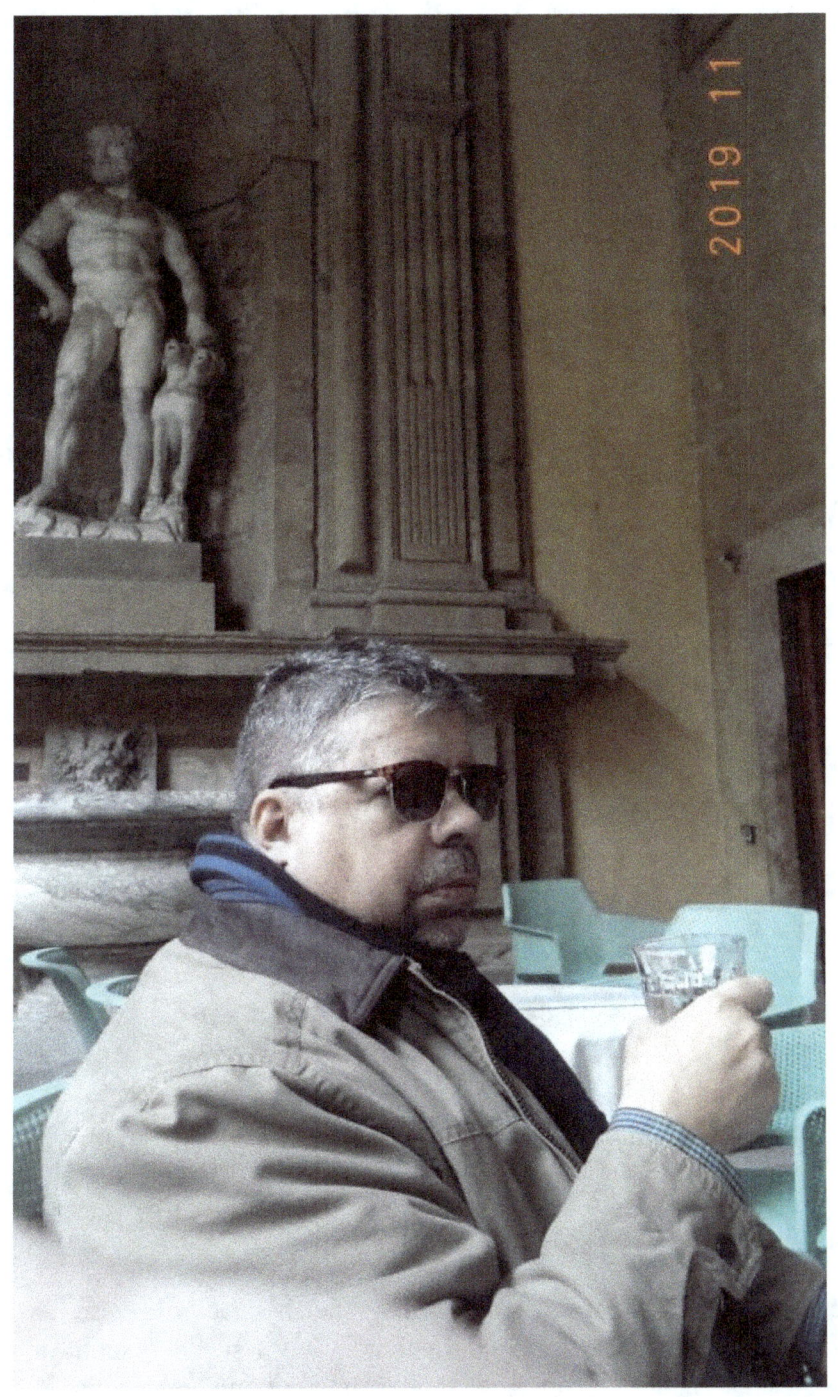

Medito tranquilamente mientras tomo. Ter-mino una botella y pido otra. Luego otra más y así, hasta que acabo con toda el agua del bar.

Palazzo Pitti. Florencia, Toscana, Italia.

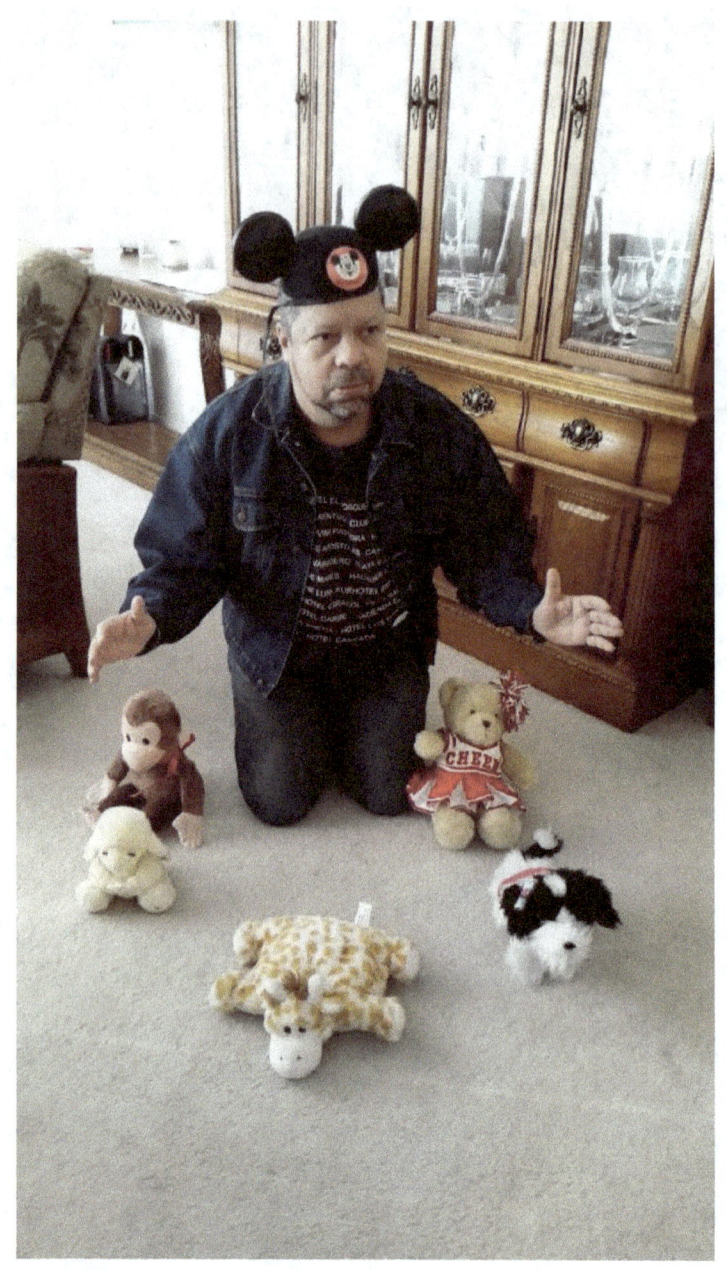

Los inicios en un nuevo país suelen ser duros. Es comenzar de cero nuevamente. Nunca se debe sentir vergüenza por realizar un trabajo que no se haya hecho antes. Con mucha dignidad servimos de muñeco adorno en una tienda por un par de años, hasta que una familia adinerada se antojara de comprarnos como juguete para entretener a sus gatos. Paciencia, todo en la vida llega en su momento.

Nieto

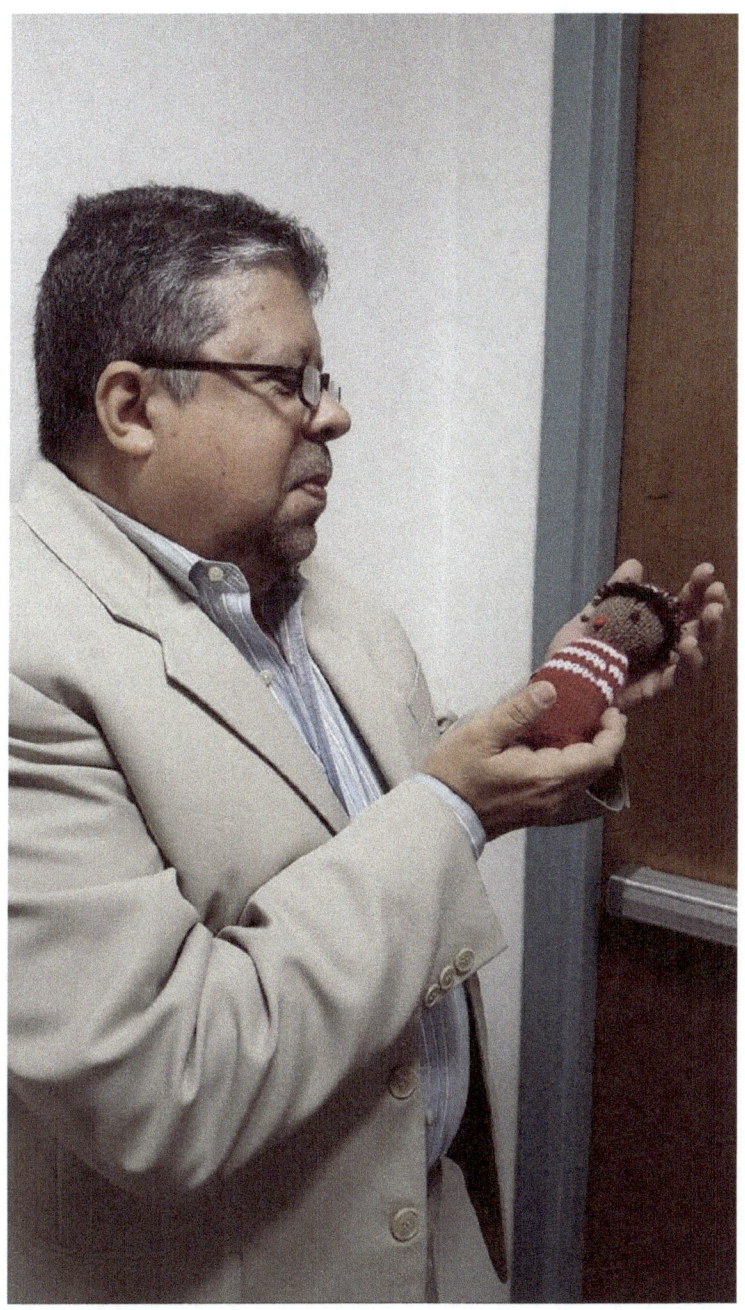

Ya nació mi nieto Prietín. No es porque sea mi nieto, pero la verdad es que un muñeco.

Índice

Fotoparlancias, el visado a la risa 5
Una historia ayumbe 7
Una ragazza diferente 7
Con bolas 8
Un dormido que espera 9
Un mal souvenir 9
Arnaqueur 10
La tragedia de la familia Kamiosinski 10
Ningústero, el estatuólogo 11
Pierre el limpiador 12
Un chino del tipo Ko 12
Paris bien vale una oreja 13
Vendetta 13
Gollejo 14
Jamón 15
A la hora del desayuno 16
Seife 16
Caído 17
El dolor de Chu chuá 18
Las lágrimas de otros (ojos) 18
Ventanas 19
Los nobles 19
Chambre 20
Una historia a medias 20
The Best 21
Bola mala 22
La red 22
Barrio amarillo 23
Sádico bus 24
Cauce y efecto 24
La última cena 25
Dipinti 25
Exclusividad 27
La fruta de la discordia 27

El amor de Nak y Chetalpalaxa 28
Cabecismo 29
Pietro Costellazione 29
La historia de un Farallón 30
Duda 30
La gran perra 31
El desfile 31
Por lealtad 32
El espíritu de mi amor 33
Pelele 33
Chantal 33
Plaza de mil tiempos 34
Paulette 35
Tórtola Jimenez 36
Inconjunción 36
4 Rue de la Haute Montee 37
Der soldat Dietrich 37
Manfred und Gunter 38
Zeriel 39
Corredor verde 40
Freccia Nera 40
Adopción, abducción. 41
At the pump 42
La impersistencia del tiempo 43
Un empleo de mucho espíritu 44
La historia de un proscrito 45
Una tarde en Debod 46
Portuondo 46
Modestia 47
Laurant 47
Leyenda cerda (3) 48
Infomercia: 49
Close encounter 49
Au naturale 50
Imuku 50
Matiosos 51
En el jardín 51
Acción 52

Dulce 53
Deserción inesperada 53
Estimados cristianos: 54
Louvle 54
Timidez Medieval 55
Autodeportación 56
Momianitud 57
"Piano mocho" 57 Gula sideral 58 Tronco de guanajo 59
Nieto 65

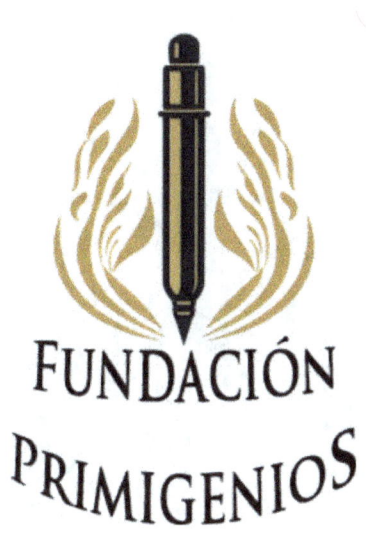

www.ingramcontent.com/pod-product-compliance
Lightning Source LLC
Chambersburg PA
CBHW062228220526
45471CB00009B/3390